# VIVIR EN EL ASOMBRO

## MEMORIAS DE UN PSICÓLOGO CRIMINALISTA

JUAN ENRIQUE SOTO

# VIVIR EN EL ASOMBRO

## MEMORIAS DE UN PSICÓLOGO CRIMINALISTA

PRÓLOGO DE
MANUEL DE JUAN ESPINOSA

tecnos

Diseño de cubierta:
Carlos Lasarte


Valentín Beato, 21 - 28037 Madrid

PAPEL DE FIBRA CERTIFICADA

ISBN: 978-84-309-9166-2
Depósito Legal: M-18273-2024

*Printed in Spain*

*Porque las víctimas importan.*
*En su homenaje estas líneas.*

*A Agustina, mi esposa,*
*por ser la compañera perfecta*
*en este asombroso camino.*

# ÍNDICE

# PRÓLOGO

La verdad es que este libro me ha llegado en un momento de mi vida que, como mínimo, me está resultando interesante. El pasado mes de agosto cumplí setenta años y «me llegó» la jubilación. Un cambio de etapa. Como en todo cambio de etapa en mi vida, el cerebro se puso en modo revisión del pasado y, sobre todo, de previsión del futuro. El caso es que, en la etapa de jubilación, todos sabemos cómo termina. Pero me interesa, sobre todo, la revisión del pasado. Mi familia, amigos y conocidos me han sugerido que escriba cómo ha transcurrido mi vida. En definitiva, que escribiera mi biografía. Y entonces me llegó este libro: *Vivir en el asombro*, una biografía centrada en la etapa policial de mi querido amigo Juan Enrique. Si tenía dudas sobre escribir o no la mía, la cuestión se resolvió: no lo haré. Juan es capaz de escribir su biografía como policía con una honestidad implacable de la que yo no me creo capaz.

Conocí a Juan Enrique una tarde-noche en que me lo presentó un viejo amigo del Servicio de Análisis del Comportamiento Delictivo de la Guardia Civil (por respeto no doy su nombre, pero, si lee estas líneas, sabrá que me refiero a él). Juntos habíamos planificado el Máster de Ciencias Forenses en Análisis e Investigación Criminal de la Universidad Autónoma de Madrid. Me sugirió que sería un buen «fichaje» como profesor de perfilado psicológico. No se equivocaba. Como profesor de perfilado, con su excelencia didáctica, ha influido en más de una vocación entre el alumnado. Pero, más allá de estos datos, me presentó al que acabaría siendo un buen amigo (y eso no abunda). Hemos compartido no solo material didáctico y actos académicos (que seguimos compartiendo), sino también charlas de las buenas, y nuestra pasión por las motos. Vaya por delante, además, mi admiración por su trabajo profesional.

Partiendo de una infancia en el barrio de Entrevías, esta biografía abarca fundamentalmente el periodo desde 1994 hasta 2003, desde las pruebas de acceso al Cuerpo Nacional de Policía hasta el momento en que deja la institución atrás. Pero, sobre todo, esta biografía trata de un sueño: aplicar la psicología a la investigación criminal. Es decir, el sueño de convertirse en un analista de la conducta (criminal). Soñar es bonito, pero todavía más bello es hacer que los sueños se conviertan en realidad. Eso requiere esfuerzo; algo a lo que en absoluto es ajeno el autor. El recorrido de esta biografía está plagado de tesón y esfuerzo personal por parte de Juan Enrique. Y ese esfuerzo y tesón culmina con dos acontecimientos: la creación del Método VERA (ya publicado), una técnica de elaboración de perfiles psicológicos de agresores desconocidos, y el ascenso al puesto de director de la Sección de Análisis de Conducta (SAC), adscrita a la Unidad Central de Inteligencia Criminal de la Comisaría General de Policía Judicial de la Policía Nacional.

Pero esta no es una biografía al uso. A lo largo del libro el lector o la lectora se encontrará que ese trayecto para cumplir un sueño se ve jalonado con la narrativa de casos policiales en los que, poco a poco, podrá observar cómo van cuajando, cada vez más, tanto el analista de la conducta como los procedimientos y técnicas que aplica para resolverlos y que configurarán, al final, el método VERA de perfilado. Pero esto no es todo. Las anécdotas que narra dan brillantez a su lectura. De entre ellas, quiero destacar la de Stefan, «el viejo marinero de la sala de máquinas». No se la pierda. A mí, personalmente, me ha «tocado». Mientras la leía me he sentido «allí», bebiendo *raquía* con el pequeño grupo y acompañado de los ojos azules de Stefan.

Todo esto se hace posible porque el autor, además de policía, es un escritor consumado con varios libros a sus espaldas. Además, la sensación al leer el libro es que uno no está leyendo simplemente una biografía, sino algo más. Como si se oyera una música de fondo, emerge la sensación de que se está leyendo una novela. A mí me enganchó.

Espero que disfrute de este libro al menos tanto como lo he hecho yo. Además, si usted es un profesional del campo criminal como si es un psicólogo o psicóloga, les recomiendo que sigan al autor. Su bibliografía sobre investigación criminal es toda una lección de cómo se unen psicología e investigación criminal (yo he aprendido y mucho). Si usted no pertenece a este terreno, no se preocupe, la lectura de este libro no solo es aleccionadora, sino, sobre todo, apasionante. Cuando finalice el libro, tómese al menos un minuto sin hacer nada más. Respire profundo y acepte el regalo que nos ofrece la magia de leer un buen libro.

Manuel de Juan Espinosa
Catedrático de Psicología de la Universidad Autónoma de Madrid

# INTRODUCCIÓN[1]

No conozco ningún policía al que no le guste contar sus *batallitas*. Hay muchos libros publicados en los que se narran anécdotas de todo tipo derivadas del trabajo policial como investigador o patrullero. Ni yo soy diferente ni lo es este texto. En ese sentido, no. Lo que pienso es que, de alguna manera, este libro no es como los demás porque se refiere en su gran mayoría a algo que no es habitual encontrar en la Policía. Salvo en los últimos años de este siglo XXI, la aplicación de la psicología a la función policial, especialmente a la investigación de delitos, se reducía a aspectos como la selección de personal, la formación de los profesionales o la valoración clínica de la salud psíquica de los integrantes de la institución policial. Y eso es lo que creo que hace diferente este libro, estas historias, estas *batallitas* contadas por un psicólogo que, aunque después se hizo policía, nunca ha dejado de serlo.

En estas páginas comparto muchas de esas anécdotas que el trabajo policial, tanto de calle, como el orientado a la detención de delincuentes, proporciona y que resultan tan atractivas como emocionantes. Otras muchas nacen del trabajo realizado ante una pantalla de ordenador, ante una hoja de papel, ante una fotografía o un vídeo. Trabajo de análisis, concentrado, sesudo, que pretende resolver enigmas mediante la lógica y que ha conformado gran parte de mi trayectoria profesional. A veces, esas anécdotas son hilarantes; otras veces, la mayoría, son trágicas, porque los policías trabajamos con el sufrimiento ajeno. Es lo que hemos elegido. La mayoría de las personas huye, por puro instinto de supervivencia, del dolor de los demás; los policías se acercan a él, tanto que lo palpan, literal y crudamente, porque es su deber ayudar a mitigarlo en la medida de lo posible.

También hay mucho de mi vida personal porque no se puede entender esta sin la profesional y viceversa. Ser policía conlleva en lo personal muchos viajes, muchas situaciones difíciles y todo esto implica muchas veces el sacrificio que hace la familia, el miedo o la preocupación que sufren, el

[1] Durante todo el texto emplearé el masculino de un modo inclusivo, tal como recomienda la RAE, por economía de comunicación, por lo que, siempre, siempre, debe entenderse que me refiero a hombres y a mujeres cuando el contexto deja claro que es así. Nada más lejos de mi intención está invisibilizar a las mujeres. Antes al contrario. Soy un firme y activo defensor de la igualdad real de mujeres y hombres. [Nota del Autor].

tener que adaptar su propio desarrollo profesional. Así se conforma una vida que no es solo la del policía, sino la de toda la unidad familiar.

En cualquier caso, son historias que gusta escuchar o leer porque forman parte del día a día de la sociedad y, en general, a todos nos interesa saber qué les pasa a nuestros vecinos y, sobre todo, por qué. Al fin y al cabo, las crónicas de sucesos son un género literario y periodístico que sigue teniendo su público por muchas décadas que pasen y por mucho que evolucionen los medios de comunicación.

Dicho esto, sí quiero compartir una serie de consideraciones.

En primer lugar, solo narraré, con mayor o menor fortuna, las situaciones que yo he vivido, no las que me hayan referido otros o de las que haya tenido conocimiento por otras vías que no haya experimentado yo mismo. La mayoría de ellas implican a otras personas, es obvio, de quienes no mencionaré su nombre, salvo contadísimas excepciones que vengan al caso. Como la mayoría de esas personas, si leen este texto, ya sabrán quiénes son, me doy por satisfecho y, además, estaré respetando su privacidad.

Es más, si a alguien intentaré dar un trato exquisito es a las víctimas, porque estoy plenamente implicado en el proceso de cambio de actitud que esta sociedad necesita en cuanto al tratamiento que se ofrece a las víctimas, a todas ellas.

En segundo lugar, no mencionaré situaciones ni personas o sucesos en los que la merma de seguridad sea, siquiera, mínima. De todo esto, no mencionaré nada y se perderá de mi memoria con ese indispensable proceso psicológico que se llama olvido.

En tercer lugar, lo que narro lo he extraído de mi memoria, sobre todo lo referido a casos. Habrá datos que sí confirme con la documentación que guardo en mi archivo, alimentado desde el día en que me presenté a la oposición de Policía Nacional allá por los años noventa del siglo pasado y que no ha dejado de crecer hasta el día de hoy. Es posible que de algunas situaciones exista más de una versión. Lo acepto. Yo cuento la mía y, para mí, es la que vale. Es, digamos, una licencia dramática que me permito. Lo que no haré, en ningún caso, es faltar a la verdad, al menos, como yo la recuerdo.

Este es el relato de un psicólogo metido a policía que tuvo la enorme fortuna de poder aplicar su vocación, el estudio del comportamiento humano, a una profesión, la policial, que engancha desde el primer día. Logré unir no solo dos pasiones, la psicología y la lucha contra el delito, sino tres, porque a ellas entrelacé la más antigua vocación, la de escritor, de ficción y de no ficción. No se me ocurre mejor ejemplo de esa red emocional y vocacional que estas páginas que el lector tiene entre sus manos.

Todo ello da razón del título, pues desde septiembre de 1994 hasta hoy, a comienzos del año 2024, que termino de escribir este texto, no he dejado de vivir en el asombro y ese privilegio es el que quiero compartir con vosotros.

## CAPÍTULO 1

# ALGO DE BIOGRAFÍA, PERO NO MUCHA

### *Callejeros*

De mi infancia los recuerdos son de calle de adoquines, la calle Rafael García Llamas, de vías de tren entre las estaciones de Atocha y el apeadero de Entrevías, de guerras de guijarros de pedernal contra los de la calle de al lado, de rodillas desolladas, de chapas en la acera donde se disputaban partidos de fútbol interminables, de balones que se pinchaban, colaban o nos robaban, siempre de goma porque nunca tuvimos dinero los chiquillos del barrio para un balón de reglamento, de pantalones cortos y meriendas de pan y chocolate, de cromos, canicas, descampados, de heredar los libros del colegio usados por otros niños.

Según crecíamos, algunos de los jóvenes seguían en la calle, abrazaban la heroína, atracaban viandantes, morían en las cunetas o maldecían en celdas. De mi quinta, en el barrio, fui el único con estudios superiores y, todavía más excepcional, el único que se hizo «madero».

Me crie en un popular barrio de Vallecas, en Entrevías, para ser más preciso. Las vías del tren fueron mi río, el que lleva al mar que, en mi caso, era Madrid, la ciudad verdadera. Nos apiñábamos en el vagón correo para no pagar billete, con la puerta del vagón de carga abierta, pasando veloz por esas calles que nos alejaban de las eternas partidas al futbolín y de los botellines de cerveza según nos hacíamos mayores. Más allá de «la pista», una tira de tierra que se convirtió en la circunvalación M30, y que era nuestra frontera, estaba la gran urbe, donde todo era posible, donde la vida se abría con todas las oportunidades que al barrio se le negaban.

No nos sorprendía que los vecinos lincharan a un ladronzuelo al que pillaban con las manos en lo ajeno, ni las redadas de los que mudaron el uniforme policial de gris a marrón, ni sus patrullas a pie de cuatro integrantes, uno de ellos con ametralladora, que nos infundían un temor extremo cuando íbamos al colegio desde bien chicos, que, entonces, no había padres ni madres que nos acompañaran, que para eso siempre había un hermano o un vecino.

En esas calles admirábamos a los chicos mayores con mote y pelo largo, como «el lobo» o «el mono», que iban en moto de *cross* o en un Ford Capri. Eran lo incierto, lo valiente, lo oscuro, lo rebelde. Vivían en el romanticismo del otro lado de la ley y cuando se dejaban ver nos dábamos con el codo, sentados en el bordillo, y nos avisábamos: «mira, es el Lobo».

No es que pretenda contar toda mi vida. Sería muy aburrido, me temo. Con estas líneas solo pretendo mostrar, casi mejor mostrarme, cuáles fueron los inicios de esta andadura y cuáles los caminos seguidos después, tan distintos. Mi barrio era humilde en una época en la que la heroína causaba estragos entre los jóvenes. En ese mundo crecí, comprobando cómo muchas de las letras de las rumbas que por aquel entonces triunfaban en las listas de éxito y las películas de delincuentes callejeros eran, en gran parte, realidad.

Hace mucho tiempo ya, pero sé que tenía clara mi vocación de estudios. Quizá, como tantos otros antes que yo, la necesidad de comprenderme fue la que me llevó a elegir Psicología como primera, y única, opción. Después comprobé que un dicho popular en la disciplina decía que «el primer paciente de un psicólogo es él mismo». Pues eso, pero aquí estamos. Me queda clarísimo que aquella fue una buena decisión.

Al poco de licenciarme como psicólogo, tenía dos trabajos relacionados con mis estudios. Eran dos empleos en el apasionante (nótese la ironía) mundo de los psicotécnicos para el carné de conducir. Lo relevante es que, un día, el dueño de la clínica en la que trabajaba por la tarde me preguntó:

—¿Por qué no te metes en la Policía? Ahí puedes ser psicólogo para toda la vida.

Jamás se me había pasado por la cabeza ser policía. Solo había reparado en ellos desde el otro lado, como buen estudiante universitario que acude a las manifestaciones que cada promoción alienta y corre delante de los antidisturbios. Todavía recuerdo a aquella muchacha que, al verse atrapada entre dos coches por un tipo con casco y *porra* (hoy la llamo *defensa*), se orinó encima del miedo. El caso es que, desde que aquel hombre me hizo esa pegunta, lo tuve en cuenta. En esa clínica, en la céntrica calle de Castelló, se leía el periódico *ABC* y un día me llamó la atención un anuncio de oposiciones al Cuerpo Nacional de Policía, un anuncio pequeño, cuadrado, en una esquina. Seguramente, sería de una academia de preparación de oposiciones. ¿Por qué no intentarlo?, me dije.

Así que me puse a estudiar con un temario que no recuerdo cuál era ni de dónde lo obtuve y a entrenar corriendo por el parque que había al lado de mi casa. Eché la instancia y me presenté.

### *Colgado como un chorizo*

Para mi vergüenza, en la primera prueba, las dominadas, me quedé colgado de la barra como un chorizo, sin ser capaz de hacer ni una sola. La humillación me sirvió para madurar. Así no se hacen las cosas. Si se quiere algo, es necesario el máximo esfuerzo y dedicación. Se me grabó a fuego. Así que dejé los dos trabajos (traté de contribuir a la economía familiar dando clases a los niños del barrio en casa, por entonces ya en la localidad madrileña de Fuenlabrada) y me apunté a una academia de reconocido prestigio, que además del examen teórico, preparaba el físico. Ahí conocí a alguno de los compañeros con los que después compartí profesión, promoción y destinos.

Ese año sí aprobé. De hecho, para aumentar mis oportunidades, me presenté a la Escala Básica y a la Ejecutiva. Lo importante era aumentar las posibilidades de éxito. Superar el físico en el examen de Básica me dio la confianza suficiente para el de Ejecutiva, teniendo en cuenta que mis capacidades atléticas han sido siempre bastante limitadas y era precisamente en esas pruebas, las físicas, donde más sufría y donde me lo jugaba todo.

Por objetivar lo que digo, señalaría que, en los entrenamientos, mis mejores marcas me llevaban a conseguir 26 puntos, cuando para aprobar se necesitaban 25. Iba justo, sí, muy justo, y con miedo, pero el día de las pruebas de Ejecutiva alcancé los 28. La motivación extra del día de las pruebas no es desdeñable.

No olvidaré cómo en la prueba de la carrera de 2.000 metros salí disparado. Iba el primero. En los primeros 200 metros yo no paraba de repetirme que algo iba mal, que eso no era normal. Yo era el que veía las espaldas de los demás, no el que marcaba el ritmo de carrera. A los 400 metros todo encajaba como debía ser. Ya iba el último, alternando esta deshonrosa posición con otro aspirante recién operado del tobillo. Los dos aprobamos, sí, porque, cada vez que uno se quedaba atrás, el otro le jaleaba. Nos fuimos adelantando y animando el uno al otro. Mi recta final la recuerdo apoteósica. Mis compañeros de academia me gritaban desde la grada «ya está, Juan, ya está», pero yo no podía aflojar, iba lanzado. Crucé la meta, me apoyé en una barrera metálica y mis piernas se doblegaron.

En la prueba de elasticidad saqué un 5. Se cumplió. Compensaba la mala carrera de fondo con la prueba de agilidad, en la que conseguí un 9 y así, esfuerzo tras esfuerzo, logré el apto que más me preocupaba.

Un comisario, psicólogo, que años después sería mi jefe en el Centro de Promoción, durante mi entrevista de acceso, me dijo algo así como:

—Veo en el cuestionario biográfico que usted se define como esforzado y trabajador.

—Sí, señor.

—Pero veo que en las pruebas físicas ha sacado usted un 5.

Y con toda la naturalidad del mundo contesté:

—Tendría usted que haber visto las marcas que lograba cuando comencé a entrenar.

Debió de ser esa, junto con las demás, una buena respuesta, porque ese año superé la oposición. Eso sí, con cierto suspense.

*Debe usted renunciar*

Es más, superé ambas oposiciones, la de la Escala Básica y la de la Escala Ejecutiva, hecho que conocí después de una mañana de nervios. Me llamaron un día desde la División de Formación para convocarme a una cita en sus dependencias de la Avenida de Pío XII, en Madrid. No me informaron del motivo. Yo, que por esos días estaba esperando que salieran las notas, no recuerdo qué pensé, pero seguro que estaba muy nervioso. El caso es que, a los pocos minutos, volvieron a llamar para decirme que no hacía falta que fuera, que se había desconvocado la reunión. Aunque pregunté, no me informaron y mi estado de ansiedad se acentuó. Unos minutos más tarde, llamaron de nuevo. Que sí, que vaya a la cita, me dijeron.

—Mire, o me dice algo o a mí me da un infarto —creo recordar que le solté a la mujer que me informaba, que se echó a reír para después decirme que no era para nada malo, aunque no fui capaz de sacarle más información.

El día de la cita no estaba solo. Éramos unos cuantos, quizá una docena, no recuerdo bien. A algunos ya los conocía de la academia de preparación de las oposiciones. Todos nos sentíamos intrigados e inquietos. Nadie sabía nada y la incertidumbre generaba fantasmas.

El motivo de la reunión era que habíamos aprobado las dos oposiciones y debíamos renunciar a una de ellas. Pocas renuncias hay más felices que esa. De esa manera, una vez firmamos la renuncia a la Escala Básica, nos supimos inspectores en proyecto y lo celebramos en un bar cercano. La primera de muchas reuniones de compañeros que, aunque separados hoy, tenemos un nexo que durará toda la vida. Ser de la misma promoción es como un tatuaje y este se comenzó a dibujar en la Escuela de Policía de Ávila.

CAPÍTULO 2

# LA ESCUELA NACIONAL DE POLICÍA DE ÁVILA

La convocatoria de la oposición a la categoría de Inspección fue establecida en la Resolución de 12 de septiembre de 1993. Exactamente un año más tarde entraba en el vestíbulo principal del Centro de Formación del Cuerpo Nacional de Policía, en la carretera de Madrid, kilómetro 109, de la ciudad castellana de Ávila. Es curioso lo de las cifras y las fechas. Un 12 de septiembre, pero del año 1992, me casé. El 12 se convierte casi en un número fetiche y el mes de septiembre en una ventana a hermosas posibilidades.

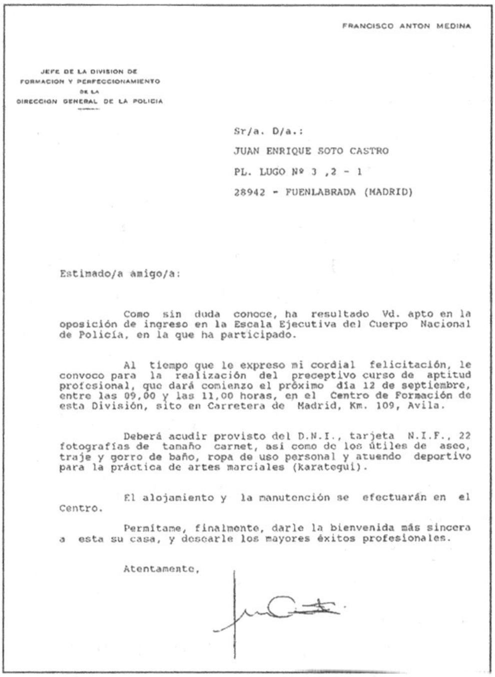

FRANCISCO ANTON MEDINA

JEFE DE LA DIVISION DE
FORMACION Y PERFECCIONAMIENTO
DE LA
DIRECCION GENERAL DE LA POLICIA

Sr/a. D/a.:
JUAN ENRIQUE SOTO CASTRO
PL. LUGO Nº 3 ,2 - 1
28942 - FUENLABRADA (MADRID)

Estimado/a amigo/a:

Como sin duda conoce, ha resultado Vd. apto en la oposición de ingreso en la Escala Ejecutiva del Cuerpo Nacional de Policía, en la que ha participado.

Al tiempo que le expreso mi cordial felicitación, le convoco para la realización del preceptivo curso de aptitud profesional, que dará comienzo el próximo día 12 de septiembre, entre las 09,00 y las 11,00 horas, en el Centro de Formación de esta División, sito en Carretera de Madrid, Km. 109, Avila.

Deberá acudir provisto del D.N.I., tarjeta N.I.F., 22 fotografías de tamaño carnet, así como de los útiles de aseo, traje y gorro de baño, ropa de uso personal y atuendo deportivo para la práctica de artes marciales (karategui).

El alojamiento y la manutención se efectuarán en el Centro.

Permítame, finalmente, darle la bienvenida más sincera a esta su casa, y desearle los mayores éxitos profesionales.

Atentamente,

Carta de convocatoria a la Escuela Nacional de Policía.

Tenía por delante dos cursos académicos y siete meses de prácticas. Fueron duros en cuanto al estudio, aunque yo los viví algo más relajados en términos de disciplina y funcionamiento interno de la Escuela, ya que, al estar casado, opté por vivir fuera del centro desde el primer año y casi era como ir a trabajar a la oficina, pero de uniforme.

Por un lado, eliminé mucha de la presión que significaba estar sometido a las férreas normas de convivencia con compañeros y mandos; por otro, me perdí la complicidad que se vive precisamente bajo esa presión. Me perdí muchas de sus anécdotas, de sus situaciones cotidianas y más «caseras» que yo no vivía. Algunas eran graciosas; otras, no tanto, ya que se acompañaban de la retirada de la tarjeta de identificación personal y la consiguiente propuesta de sanción.

Por otro lado, vivir fuera del centro tenía ventajas en cuanto a las notas finales por la sencilla razón de que los que estaban sujetos a las normas de convivencia, es decir, a tener ordenada la taquilla, hecha la cama, a saludar todas y cada una de las veces que se cruzaban con un profesor, etc., corrían el riesgo de cometer infracciones que, aunque menores, se castigaban con detracción de puntos, como decía. A mí jamás me retiraron la tarjeta, ese sencillo gesto de funestas consecuencias. Creo que el que entonces era el jefe de Régimen Interno del Centro es una de las personas más impopulares de toda la institución policial, cargo que ejerció durante muchos años.

Mi nota más alta en el primer año fue un 8,92 en la asignatura Tecnología de apoyo; la más baja, adivinad, un 5 en Educación Física. Cuánto sufrí bajo las órdenes del profesor de esta asignatura, que con el tiempo llegó a ser un muy buen amigo con el que coincidí numerosas veces en otro tipo de eventos policiales. En su examen final solo me dio una opción: superar la carrera de dos mil metros. Los compañeros me ayudaron, vaya que sí. Uno hacía de liebre, otro me empujaba literalmente de la cintura, otros hacían de cobertura para que el profesor no viera las evidentes infracciones. Para colmo, otro compañero, en la meta, manejaba el cronómetro que el profesor le había cedido y que detuvo antes de que yo cruzara la meta porque me pasaba de los tiempos exigidos. Exceptuando los exámenes de oposición, jamás volví a superar la prueba de fondo en tiempo. Iba quedando claro que mi futuro profesional tendría más que ver con la mente que con el físico.

En el segundo año, mi mejor nota, un 8,67, lo conseguí en Idioma Moderno, inglés, y la más baja, un 6, en Medios Audiovisuales. En este segundo año, no se impartía educación física, salvo defensa personal policial y la superé hasta lograr mi flamante cinturón blanco amarillo de judo. En los exámenes finales superé esa nota en Inglés, pero con los Medios me seguí quedando igual.

De todos los que cruzamos la puerta de entrada aquel primer día de septiembre, solo dos compañeros no superaron el proceso. Uno porque renunció a incorporarse el segundo año. No debió de resultarle interesante lo trabajado durante el primero. El segundo caso fue más grave, ya que el que abandonó tuvo un altercado con una excompañera sentimental, que también era policía alumna de mi sección, a la que llegó a agredir físicamente y a causarle lesiones graves. No juró el cargo, obviamente.

Mis recuerdos del Centro son gratos, salvo cuando tenía que correr los dos mil, claro. Muchas horas de estudio, prácticas de todo tipo. Allí me saqué el carné de vehículos de emergencia y el de moto. Participé en el equipo de tiro de la Escuela porque no se me daba del todo mal. Día a día, nos sentíamos inmersos en un mundo diferente al que habíamos vivido, desde luego yo sí, basado en el compañerismo y en el que la institucionalización como servidores públicos era un proceso tan potente como intangible.

Las clases de Psicología de primer curso las impartía un profesor peculiar. Bajito, de bigote negro mínimo, que llegaba a clase con un maletín metálico que hoy diríamos *vintage*. Se sentaba ante su mesa, hablaba en voz baja parapetado tras el maletín abierto. No levantaba la cabeza para no verse en la obligación de responder posibles preguntas por si alguno habíamos levantado la mano. En realidad, le daba la clase al maletín, no a nosotros, a quienes no miraba.

Lo peor de todo era que, si el estudiante llevaba conocimientos de esta ciencia, como era mi caso y el de otros dos compañeros de sección, también psicólogos, debía desaprenderlos, porque de cuando en cuando decía auténticas barbaridades teóricas. Mi compañera, al escuchar esas afirmaciones, miraba hacia atrás buscando algún tipo de aprobación en mi rostro. Solía pillarme con la cara entre las manos, confundido. Saqué mejores notas en las asignaturas de Derecho que en la de Psicología. Un horror de profesor.

Con el profesor de la misma asignatura, pero en segundo curso, me llevaba muy bien. Incluso me acompañó a otras charlas a las que me apuntaba en el Colegio de Psicología de Madrid, como, por ejemplo, sobre víctimas del terrorismo. Este profesor quiso que regresara a Ávila para formar parte de su departamento nada más jurar el cargo, pero el reglamento de centros docentes establecía que solo con un mínimo de cinco años de experiencia se podía optar a profesor de la División de Formación. Tres años después no pareció ser relevante este requisito, pero me estoy adelantando.

Vivía en Ávila en un coqueto apartamento de un edificio recién construido, junto al hotel Don Carmelo, cerca de la estación de tren. Allí me resultaba cómodo estudiar y, sobre todo, tener mis propios horarios. Reconozco que esta fue una gran ventaja. Mis ventanas daban a una gran avenida, a un cruce pavimentado con adoquines y, enfrente, un parque. En invierno un manto blanco cubría todo el paisaje hasta que en la calzada la nieve se convertía en hielo. Entonces, empezaba el baile de coches resbalando y derrapando, con los chirridos de las frenadas de fondo hasta que colisionaban.

En el apartamento de enfrente, vivía una periodista del diario *ABC* que nos contaba algunas peculiaridades de su trabajo. Los diarios digitales todavía no eran la realidad que son hoy. Y los tiempos para la confección de las noticias y reportajes eran otros. Ella nos contaba, por ejemplo, que si al día siguiente había una manifestación, escribía y enviaba el día antes su crónica para que en las rotativas la tuvieran preparada. Estimaba asistencias y vaticinaba pancartas y discursos. El día de la manifestación acudía al evento para comprobar que no fuera muy diferente de lo que había pronosticado y enviado. Si era más o menos, llamaba a la redacción y daba el visto bueno. Hoy las noticias se conocen y se difunden, incluido el soporte en imágenes, en el instante. Eran otros tiempos y otros modos de trabajar.

Pero me he desviado.

De aquellos años guardo los certificados de notas, unas cuantas fotografías que nos hacíamos entre nosotros y que nosotros mismos revelábamos con los productos químicos necesarios, que, por entonces, la foto digital no se estilaba. También muchos recuerdos y una sensación muy especial que se acentúa cada vez que he regresado al Centro, a lo largo de los años, para dar conferencias o clases.

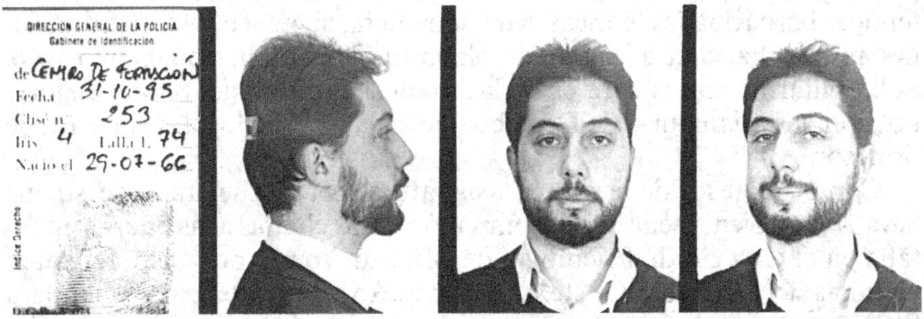


Foto de reseña de prácticas de fotografía y revelado en la Escuela Nacional de Policía.

La Escuela de Ávila es un lugar muy especial. Ha crecido mucho desde aquellos años, porque cuando yo recorría sus pasillos, eran más cortos que ahora, no había tantos módulos ni aulas. La propia ciudad también era diferente. Ni siquiera había un cine donde entretenerse, sobre todo en los largos días del invierno castellano. Hoy hay un centro comercial justo enfrente con su cine *multisalas*. En los años noventa, la principal actividad física era el senderismo por sus caminos entre encinas y enormes piedras o el irse de tapas, sobre todo de patatas *revolconas*, justo antes de calzarse un buen chuletón. Esto no ha cambiado, por suerte.

Allí comencé a sentirme policía. Describir este sentimiento es complicado. Se te mete dentro y no te abandona nunca. Y eso que lo mejor estaba por llegar. Esto solo era un pequeño aperitivo si lo comparo con toda una carrera profesional.

### *De prácticas en una hermosa ciudad*

Tras los dos años teóricos, llegaba el momento de solicitar destino para las prácticas. Siete meses. Pedí hacerlas en Granada. Había diez vacantes. Me llegó el número de escalafón para solicitar este destino. Alquilé un apartamento cerca de comisaría, pagué la señal al casero y todas esas cosas. Llegué con mi mujer en el coche, un Citroën ZX a rebosar de enseres. Estábamos en la rampa del garaje y, cuando fui a abrir el portón, me sonó el teléfono. Llamaban de la División de Formación. Resulta que, de los diez inspectores alumnos que habíamos sido destinados a Granada para realizar las prácticas, cinco debían irse a Almería. Así, tal cual. Era viernes y nuestro periodo de trabajo comenzaba el lunes. De los diez que éramos yo ocupaba el número seis, es decir, me habría tocado marcharme a Almería. Era mi primer contacto con los cambios profesionales de última hora, con los imprevistos, con las actuaciones sin avisar independientemente de las condiciones en las que quede el policía. Jerarquía y subordinación, que nos quedara claro desde el primer momento.

Tuve suerte porque la compañera que ocupaba el mejor puesto en el escalafón tenía una relación sentimental precisamente con el que ocupaba la última y renunció a Granada para irse con él a la ciudad de la costa. Nosotros, mi mujer y yo, que, además, habíamos elegido la ciudad de la luz por una cuestión muy personal, respiramos aliviados. Fue el primer susto de este tipo.

Así que pudimos quedarnos en ese apartamento. Era pequeño, pero coqueto, recién reformado. Con las paredes de papel, eso sí. La mayoría de los inquilinos eran estudiantes de la Universidad de Granada. Con los vecinos de mi izquierda tenía cierto *pique* cuando jugaba el Real Madrid contra el Barcelona. Cuando los blancos metían gol, yo gritaba con mayor entusiasmo del habitual. Incluso me levantaba y celebraba el gol gritándole a la pared colindante. Estoy seguro de que ellos hacían lo mismo cuando el Barça marcaba porque sus alaridos se nos colaban hasta lo más profundo de nuestros cerebros.

El vecino de abajo también tenía su historia. Algunos fines de semana, cuando llegaba de madrugada ebrio, cosa que hacía con frecuencia, se tiraba toda la mañana gritando «¡La luuuuuuuz! luuuuuuz!», porque debía molestarle que fuera de día. Podía llegar a ser muy desagradable.

En lo policial, durante esos siete meses pasamos por varios de los servicios, organizados por Comisarías Generales: Científica, Judicial, Extranjería, Seguridad Ciudadana e Información. El primero que me asignaron fue en Policía Científica. Por aquel entonces, estamos en 1996, todavía se enseñaba a *formular* las huellas dactiloscópicas y a registrarlas en fichas de cartón que se guardaban en un archivo metálico para posteriores cotejos con lupa, nada de sofisticados programas informáticos. Hoy está tan automatizado que aquella forma de actuar se me antoja en blanco y negro. Allí hice mis primeras inspecciones oculares, la primera de las cuales fue un robo con violencia en un domicilio, acompañado por un oficial de policía que era un pozo de experiencia y amabilidad, un maestro enorme. Le recuerdo con gran cariño. Me emocioné el día que me despedí de ellos y solo había estado un mes.

De la Brigada de Extranjería recuerdo mi primera persecución a la carrera por las calles detrás del que sería mi primer detenido por esta cuestión. No es que me sienta muy orgulloso de ello. Ese mes de prácticas descubrí que hay servicios muy ingratos de realizar. Por suerte para mí, no llegué a trabajar nunca en este ámbito.

De Seguridad Ciudadana lo que recuerdo inicialmente no es de buen gusto. Tuve que pedir el cambio de compañero en el vehículo patrulla, el popular zeta, porque el que me asignaron, en el primer turno de noche que tuvimos, se fue a un descampado y se echó a dormir. No daba crédito, pero, como recién llegado, qué podía hacer sino solicitar ir con otro policía más implicado. Me asignaron a un compañero que era justo todo lo contrario. Daba gusto trabajar con él. Realmente, quería compartir lo que sabía de la calle con ese proyecto de inspector que tenía a su lado y, desde luego, no era de los que se iban a dormir, sino de los que estaban atentos a los comunicados por el equipo de transmisiones. Como en todas las profesiones, nos encontramos de todo.

También pasé un par de semanas en la unidad de motos, solo que acompañaba al inspector, jefe del Grupo, en vehículo de cuatro ruedas. Con él recuerdo un día que acudimos al barrio granaíno Almanjayar, que los lugareños denominaban «el más allá» y que pasaba entonces por ser el más conflictivo y peligroso de la ciudad. En un momento dado, creo que estábamos haciendo una identificación y uno de los individuos echó a correr. Salí detrás de él. Se metió en un inmueble, un edificio de varios pisos. Habían desaparecido todas las barandillas de las escaleras. No tenía ascensor. Yo subía y subía detrás de aquel alma endemoniada. Creí ver que se metía en un piso cuya puerta no tenía cerraduras, solo un agujero. Pensando que aquello estaba deshabitado, al empujar la puerta, con el ímpetu de la carrera y el sofoco, me encontré con una familia, padre, madre y dos hijos, sentados ante la mesa, comiendo, que se me quedaron mirando con las cucharas al borde de sus bocas. De repente, un tipo en uniforme azul ocupaba todo el marco de su puerta. Creo que pronuncié un torpe perdón y salí, cerrando la puerta detrás de mí. Después de eso solo me quedaba bajar las escaleras con cuidado de no tropezarme mientras recuperaba el aliento.

En Policía Judicial fundamentalmente trabajé en investigación de tráfico de estupefacientes. Recuerdo en especial un servicio. Escuchábamos los teléfonos intervenidos a un individuo del que existían indicios racionales de tráfico de drogas. Cuando me tocaban las escuchas, no me centraba exclusivamente en las del sospechoso. Las escuchaba todas, incluso las de su mujer hablando con otras personas. Fue así como escuché a la esposa hablar con su madre y mencionar algo sobre unas cortinas que quería comprar para la nueva casa. Los investigadores no tenían conocimiento de ese otro domicilio. Averiguarlo supuso que fuera en esa otra casa donde se hiciera el registro inicial. Buscamos por todas las habitaciones con el detenido y su abogado presentes. No se perdían ni uno de los movimientos que hacíamos los policías. En el salón, sobre una mesa, había un gran televisor desenchufado. Las televisiones de entonces eran de tubo, grandes y pesadas. Era muy sospechoso el aparato, allí, como olvidado, así que desarmamos la tapa trasera. Nada, dentro no había nada. Seguimos con el registro, que se alargaba en el tiempo. Empezábamos a considerar que no encontraríamos lo que buscábamos. Entonces, alguien gritó con júbilo que habían encontrado algo. Yo estaba en ese mismo momento con el detenido. Se le llevó al salón, donde languidecía la televisión inservible, que ahora estaba en el suelo. La mesa tenía la tabla levantada y en el hueco brillaba en todo su esplendor un paquete perfectamente envuelto, que resultó ser un kilo de cocaína. El detenido se desplomó y los allí presentes pudimos percibir perfectamente cómo se acababa de defecar encima.

En otra detención, también por tráfico de drogas, el presunto delincuente estaba en su vehículo cuando fue acorralado por nosotros, los policías. La anécdota en este caso estriba en que yo llegué al coche por un lateral, junto a la ventanilla del conductor y al grito de «¡alto, Policía!», planté mi cartera abierta en el cristal, como si llevara ya en ella la placa, cosa que todavía no era el caso, con lo que el tipo, de ver algo en esa situación sería una mancha negra con un carné que, desde luego, estaba lejos de poder apreciar. La adrenalina nos juega estas pasadas.

### *ETA seguía asesinando*

El día 9 de febrero de 1997 ETA aparcó un coche cargado con 50 kilos de *amosal* y lo hizo explotar en un vial camino de la carretera de Armilla cuando una furgoneta de transporte militar pasaba por allí. Domingo Puente Martín perdió la vida en el atentado y otras ocho personas resultaron heridas. Guardo con mucha pena este trágico episodio. Uno de los servicios que realicé estando en prácticas en la Brigada Provincial de Información era madrugar mucho para ir a inspeccionar lugares vulnerables para este tipo de hechos. Precisamente, el lugar donde estacionaron el coche bomba era uno de ellos y, aunque era revisado con regularidad, no fue suficiente para evitar la desgracia.

Este es uno de esos ejemplos que forman parte de la experiencia de ser policía. Por mucha diligencia que se ponga, no se pueden evitar todos los delitos. Es una quimera. Con esta lección se aprende a convivir desde que uno comienza su carrera. Sin embargo, nunca se llega a asumir, sobre todo si les cuesta la vida a otras personas, si hace sufrir a las víctimas.

Es evidente que ETA seguía matando en los años noventa. Los que comenzábamos nuestra carrera como policías lo sabíamos bien. Muchos de mis compañeros fueron destinados al País Vasco y vivieron de forma intensa la amenaza terrorista. Pero a todos nos condicionaba la vida viviéramos donde viviéramos. Yo me acostumbré desde el primer día a pararme en el portal al salir de casa y observar a mi alrededor; a mirar debajo del coche cada vez que lo iba a usar o a ponerlo en marcha antes de que se montara la familia; los contratos domésticos se ponían todos a nombre de mi esposa para no constar en los registros y otras mil acciones preventivas más. Todos nos sabíamos objetivo de los asesinos. Es más, el listado de inspectores que salió publicado en el *Boletín Oficial del Estado* para dar oficialidad a nuestra incorporación al Cuerpo Nacional de Policía al día siguiente era portada en diarios afines a ETA bajo el titular «Los nuevos enemigos de Euskadi».

Personalmente, era incluso más complicado porque tenía familia en el País Vasco. Cuando acudíamos a celebrar algún evento, como una boda, los anfitriones tenían buen cuidado de sentarnos al otro extremo de la sala de los simpatizantes con el independentismo, por decirlo suavemente. Eran situaciones muy delicadas y han dejado su huella en el recuerdo.

### *La intensidad de las nuevas experiencias*

Aquellos siete meses de prácticas fueron intensos. Supusieron el encuentro con la función policial en las calles, con los delincuentes, con las víctimas. La realidad más allá de las aulas de la Escuela de Ávila. Todo lo que sucedía aquellos días podía enunciarse con las palabras «primera vez». Mis primeras y emocionantes experiencias, mis primeros detenidos, incautaciones de drogas, patrullajes, inspecciones oculares, toma de denuncias, persecuciones, registros, seguimientos, atestados escritos, intervenciones telefónicas. Todo era nuevo. No quería perderme nada. Se unían el miedo a hacerlo mal con el entusiasmo de aprender. Costaba decidir qué especialidad me había gustado más. Todas tenían su atractivo y su interés.

Después aprendí que no tenía tanto control en la decisión como por aquellos días pensaba.

El sentimiento de ser policía fraguaba dentro de uno, por mucho que, como indicaba al comienzo, jamás me hubiera planteado serlo. Fui consciente de ese dicho popular entre policías que dice que «esto engancha». Me sentía de lleno en situaciones donde el componente humano, con todas sus circunstancias, emocionales y físicas, impactaban en mi modo de entender el mundo. Veía el delito desde el lado de los que protegen la Ley y actuaba para que se cumpliera. Y mi implicación fue total desde el primer momento.

De alguna manera, incluso, comprendí que si en mi infancia, adolescencia y juventud me había convertido en lo contrario de lo que acabaron siendo muchos de mis amigos de calle, era, en gran parte, por la posesión de un elevado sentido moral sobre lo que estaba bien y lo que estaba mal. Este sentimiento se ha ido acentuando con la edad y ahora me indigna el menor acto arbitrario con el que se perjudica a alguien. Creo que ese sentimiento moral unido a la vocación de servir son la fórmula que todo miembro de las fuerzas y cuerpos de seguridad lleva en su temperamento, aunque no lo sepa hasta que se viste el uniforme azul, o el verde o del color que sea.

Una prueba de ello la tuve durante un registro domiciliario en Granada. Un hombre acabó siendo detenido. En su casa se encontraron indicios de tráfico de drogas, pero no la droga en sí. Un policía veterano y un compañero de prácticas estaban junto a una vitrina en el salón de la casa. Me llamaron en plan confidencial para enseñarme algo. Era un pequeño álbum de fotos. Me lo pasaron con algún comentario sobre lo «buena» que estaba la mujer del detenido. Estaban viendo fotos de las vacaciones en las que se la veía en bikini. Al ver qué era lo que me enseñaban, simplemente, cerré el álbum, lo coloqué en su estante, cerré la vitrina y me marché de su lado sin decir nada. Al día siguiente, mi compañero de prácticas se acercó a mí para decirme que les había dado una lección el día anterior. Yo no quería dar lección alguna. Tampoco quiero, al narrar esta anécdota, presumir de nada. Solo mostrar cómo un fuerte valor moral ya formaba parte de mí cuando comencé a vestir el uniforme. No soy ni mejor ni peor que nadie, pero ser así ha debido ser importante para llegar a donde he llegado y, sí, me siento orgulloso de ello.

Fueron meses muy intensos profesionalmente, pero también en lo personal. Cuando mis suegros y mis cuñados con sus hijos venían a visitarnos, nos apañábamos a dormir en el suelo del salón, sobre colchones inflables. Apretados, pero felices. Además, teníamos un cine en la misma calle en la que vivíamos y, cosa impensable hoy en día, por cada entrada te regalaban las palomitas o las chocolatinas, con lo que por dos entradas, que además en el día del espectador eran muy baratas, merendábamos y disfrutábamos del séptimo arte.

¿Y las tapas? Cenar con unas cañas y sus correspondientes tapas es algo que en Granada se hacía por entonces con enorme placer, sobre todo si las finanzas domésticas no daban muchas posibilidades. Agustina, mi mujer, psicóloga de profesión, los fines de semana seguía pasando consulta en Madrid, porque no podía dejar a sus pacientes ni tampoco podía desconectarse de la clínica. Era un lujo que no nos podíamos permitir y ella siempre se ha sacrificado por el proyecto común que mi funcionariado suponía.

Fuimos testigos de cómo la autovía que conectaba Granada con la A-4 se construía viaje a viaje, de tal manera que cada vez tardábamos menos en recorrer el trayecto. Era interesante, tenía cierto suspense, ver cuánto tramo abierto nos íbamos encontrando a medida que pasaban los meses.

En definitiva, tras esos siete meses, regresamos a Ávila. Faltaban las ceremonias y el acto en que nos entregaran ese troquelado pedazo de metal dorado que tanto significado y poder tiene. Cuando se enseña la placa, dejas de ser una persona para convertirte en mucho más, una autoridad, una institución, la Ley. De ahí que su empleo conlleve tanta responsabilidad.

## *Una placa reluciente y una portada de periódico*

Uno de los momentos más emocionantes llegó tras las prácticas. Nos reunieron en una de las aulas. En principio, no nos dijeron el motivo. No era el aula en la que nos formaron porque esas estaban ahora ocupadas por la siguiente promoción. Cuando nos quisimos dar cuenta, sin mayor protocolo a pesar de la importancia del acto, nos fue entregada una pequeña cartera negra y en su interior, al abrirla, nos deslumbró nuestra flamante, por nueva, placa de policía. ¡Cómo brillaba!

Un muy buen amigo y compañero estaba sentado detrás de mí. Me tocó el hombro y me ofreció su mano. La estreché con fuerza mientras nos dábamos la enhorabuena. El 78.840 era el número de mi placa y durante años ha sido mi identificación. Creo que es el número de todos los que han cruzado por mi existencia que más rápido evoco. Fue mi «nombre» oficial durante décadas y fue escrito en numerosos atestados, oficios, instancias y minutas.

Por aquellos años, la amenaza de la banda terrorista ETA era una realidad. Ahora no hay problema en identificarnos por nuestro nombre. Incluso es deseable. Entonces no era posible.

El caso es que ya teníamos placa. También pistola, de la marca Astra de 8 mm *parabellum*, aunque esta ya la pudimos portar en el periodo de prácticas. La mía tenía un defecto que nunca supieron arreglar. A veces, de un modo caprichoso, el martillo no percutía la vaina, con lo que no se prendían los gases que impulsarían el proyectil a través del cañón. Vamos, que mi arma no siempre disparaba. Nunca me la cambiaron hasta que, muchos años después, pasaron de este modelo a otro más moderno. Por suerte, nunca me vi en la tesitura de poner a prueba el azar en un enfrentamiento armado, pero en las competiciones de tiro era un serio inconveniente.

Ahora no tengo placa. Al pasar a Segunda Actividad te la retiran. Solo puedo presentar un carné en el que queda clara mi situación administrativa. Unas cuantas veces enseñé la placa. Es un emblema con poder, sin duda, y proporciona una enorme seguridad a su portador. Mostrarla requiere una gran responsabilidad y compromiso. No es un gesto banal. Todo tiene sus consecuencias.

Juré el cargo de inspector de policía con el resto de la VIII Promoción. Solíamos decir que la octava era una promoción especial de inspectores e inspectoras, pero me imagino que todas las promociones sostienen lo mismo. Da igual. Es otro número adosado a mi biografía. La octava.

### *Funcionario de carrera*

El 31 de marzo de 1997, la Resolución 7017 de la Dirección General de la Policía me nombraba funcionario de carrera del Cuerpo Nacional de Policía, Escala Ejecutiva, segunda categoría. Ya era inspector.

La estabilidad profesional ha sido y es una enorme ventaja a la hora de desarrollar un proyecto de vida. Eso es innegable. Mes a mes, la nómina ha sido ingresada en mi cuenta bancaria y ha dado pie a que nuevas ilusiones se materialicen, a que se abran oportunidades personales y familiares que me han permitido escribir estas líneas desde donde las escribo, en mi casa, de cara al jardín.

Aquel dueño de una clínica de psicotécnicos que me dijo que en la Policía podía ser psicólogo para toda la vida estaba en camino de haber vaticinado una gran verdad. Me acuerdo mucho de él. Lo pensó, yo lo hice realidad. Me resulta hasta emocionante reparar en ello. Una frase, una sencilla frase, unas pocas palabras pueden llegar a tener un efecto decisivo en la vida de una persona, de muchas personas. Si no hubiera dicho nada ese día, si una llamada telefónica le hubiera interrumpido o, simplemente, no hubiera tenido ganas de verbalizarla...

En la Orden General número 1089, de 14 de abril de 1997, se decidía mi primer destino y, realmente, el comienzo de una carrera profesional que aún me hace vivir en el más absoluto de los asombros.

CAPÍTULO 3

# HOMICIDIOS. LAS PREVIAS DE UN ANALISTA DE CONDUCTA

Quiero pensar que, cuando llegué a Las Palmas de Gran Canaria con mis otros nueve compañeros recién nombrados funcionarios de carrera, mis jefes pensaron en mi condición de psicólogo para designarme destino en la Jefatura Superior de Canarias. Concretamente, debieron pensar que vendría muy bien mi título universitario en el que entonces se denominaba Servicio de Atención a la Mujer (SAM), una especialidad centrada, sobre todo, en la atención a las víctimas de violencia de género. Lo bueno para mí, teniendo en cuenta el rumbo posterior de mi carrera, es que, entonces, el SAM era competencia del Grupo de Homicidios, por lo que este fue mi primer destino: Homicidios. No sé, digo, si esa era su intención, pero para mí fue una decisión trascendental.

Frente al recién construido edificio de la Jefatura Superior de Canarias.

De esta manera, desde mi primer día de trabajo como inspector de policía me encontré investigando delitos graves. El Grupo, por aquel entonces, tenía entre sus competencias la investigación de homicidios, de agresiones sexuales, todo lo relativo a lesiones, amenazas y desapariciones. Es posible que hubiera más asuntos, pero estos eran el grueso del trabajo.

Y la primera semana supuso, realmente, el comienzo de una relación entre la psicología y la investigación criminal que me ha marcado durante los casi treinta años siguientes.

### *Mi primer perfil psicológico de un homicida*

Estaba con mi compañera inspectora y un veterano policía en el puerto de Las Palmas. Esos días tratábamos de familiarizarnos con la ciudad y el puerto era, criminológicamente, un centro estelar. Hoy es un punto neurálgico del desarrollo económico y turístico, pero a finales de los noventa estaba muy deteriorado, lejos de la imagen moderna y vital que tiene ahora.

El caso es que se nos acercó una muchacha, a todas luces politoxicómana, con un visible estado físico lamentable, demacrada, delgadísima. Se aproximó a nuestro compañero y le dijo que tenía que hablar con él a solas. El veterano, fiel a sus años de servicio por aquellas calles, conocía a todo el mundo. Se alejaron de nosotros unos metros y hablaron. Después ella se marchó y el policía nos contó de qué fue la conversación.

En 1994 se cometió un homicidio en Las Palmas que fue descubierto tras encontrarse partes desmembradas de quien se identificó como Mari Carmen, una mujer que ejercía la prostitución. A los pocos días, un tipo fue sorprendido arrojando otros restos de la mujer a un contenedor de basura, pero logró huir sin ser siquiera identificado. En 1997, cuando yo llegué a las islas, el caso seguía sin esclarecer.

Ahora, esta muchacha afirmaba que estuvo presente en el lugar de los hechos y lo presenció todo. Suelo mencionar este caso en mis clases cuando hablo de testimonio de testigos, de las dificultades de las personas para percibir lo que les ocurre y para contarlo, sobre todo en condiciones excepcionales, como cuando se está cometiendo un delito y forman parte de él como víctimas.

Lo empleo como ejemplo porque la muchacha era capaz de recordar los hechos, con mayor o menor detalle, pero no los datos. No conocía al individuo que las contrató; no recordaba dónde ocurrió todo salvo que era un apartamento de un edificio con garaje; no era capaz de localizar ni siquiera el barrio; además, reconocía que ese día había ingerido alcohol y había tomado drogas, y a nadie se le escapaba que se ganaba las dosis de las sustancias a las que estaba enganchada ejerciendo la prostitución. No, no era, técnicamente, lo que se dice un buen testigo.

Su relato era el siguiente: ese día estuvo con Mari Carmen y otra compañera en el sur de la isla, con unos ingleses que las habían contratado. Por la tarde, quedaron en la capital de la isla en un local habitual a tomarse algo las tres. Apareció por allí un tipo que intermedió por otro que ofrecía un buen dinero a cambio de una sesión de sado. Aceptaron y el individuo apareció, pagó las copas y la cocaína, y con él se montaron en un coche. Entraron en un garaje y de ahí subieron a un apartamento, donde comenzó la sesión. Menciona que el individuo llegó a quemar a Mari Carmen con un cigarrillo, algo que las otras dos no quisieron hacer.

En un momento dado, ataron al sujeto y así, atado, Mari Carmen propuso hacerse con el dinero que tenía y marcharse, pero el hombre se desató, forcejeó con ella y le acabó dando un cabezazo en la cara que la dejó inconsciente.

Las dos chicas, asustadas, huyeron. Una pudo salir de la casa mientras que la testigo solo tuvo la oportunidad de escapar por la terraza de la cocina, desde donde saltó a la terraza de al lado y allí se escondió en un congelador desconectado en el que pasó la noche, aterrorizada. A la mañana siguiente, llena de miedo, rehízo sus pasos. No había nadie en la casa y sí mucha sangre por el suelo. Huyó. Años después, sin poder soportar el peso de los recuerdos, recurrió al veterano policía.

Esto es lo que ella contó. De pronto, teníamos un testigo, pero no uno cualquiera, sino uno con una enorme etiqueta colgada del cuello que sugería que era poco fiable, que carecía de información objetiva y que, además, reconocía la presencia de alcohol, drogas y lagunas serias en su memoria. ¿Qué podíamos hacer?

Ahí comenzó todo para mí en términos psicológico-profesionales. Le tomamos declaración con toda la delicadeza que pudimos. Recuerdo los momentos en los que le podía el síndrome de abstinencia, se quedaba dormida en la silla y se retorcía sin llegar a caerse. Después hice un análisis de su declaración basado en criterios y la conclusión fue que era compatible con un testimonio honesto. Elaboré mi primer informe de este tipo y se lo enviamos al juez que entendía del caso. Le debió de parecer lo suficientemente válido como para decidir que había que seguir adelante. Para ello, convino en internarla en un hospital para que se desintoxicara. Gracias a ello, la investigación dio los pasos necesarios para llegar a esclarecer el caso. Sobre todo porque se identificó y localizó a la tercera mujer, con cuyo testimonio se avanzó notablemente.

Con el paso del tiempo se me han escapado las acciones de investigación concretas que llevaron a la identificación del principal sospechoso y de sus cómplices, pero ese sospechoso, una vez con nombre y apellidos, se convirtió en mi primer informe de perfilación, en este caso, un *contraperfil*. Teníamos un hecho criminal y un sospechoso. Valoré si ese individuo podría haber sido capaz de cometerlo y sí, mi informe era positivo en ese sentido.

Suelo decir que ahora lo habría hecho de otro modo, pero entonces no había nada teórico o práctico en lo que basarse. Estoy hablando de finales de los años noventa del siglo pasado. Todavía no habían emitido por la televisión las series de éxito *Mentes criminales* ni *Mindhunter*. No había cursos, ni seminarios, ni títulos universitarios sobre perfilación criminal y en español mucho menos. Existía teoría psicológica sobre lo que se consideraba la psicopatía, eso sí, y me encajó bastante con el tipo a analizar.

Años después ese individuo fue condenado por el homicidio de Mari Carmen a doce años de prisión. Se le apreció la atenuante de consumo de drogas. A tres de sus cómplices, les cayeron tres años.

Para mí el caso es importante porque supuso un descubrimiento. La relación entre la psicología y la investigación de los casos graves se hizo patente. Es cierto que apenas tenía referencias, que debía comenzar prácticamente desde cero, pero lo veía tan claro que ya no pude evitar seguir ese camino. Y todavía no lo he abandonado.

Desde ese momento, se acumularon los casos, sobre todo homicidios y agresiones sexuales, algunas seriales. Aprendí a investigar estos hechos y, a los seis meses, me vi con una enorme responsabilidad.

### *El novato es jefe del Grupo de Homicidios*

El inspector jefe que mandaba el Grupo y los dos inspectores más veteranos que lo formaban junto con los dos recién llegados, que éramos mi compañera y yo, fuimos cambiados de destino por diversas circunstancias en muy poco tiempo. De golpe nos quedamos los dos inspectores solos, los novatos. Todavía recuerdo al comisario jefe de la Brigada de Policía Judicial, en su despacho, preguntarme: «¿Te atreves?» Podría haber sido mi compañera de promoción la elegida, pero, por esas cosas del destino, yo tenía uno o dos puestos por encima en el escalafón, así que me correspondió a mí ser el primero en optar. Dije que sí.

¡Zas!, un novato, de pronto, responsable de un grupo de homicidios en una jefatura superior, con competencias en varias de las islas del archipiélago, como Lanzarote y Fuerteventura, además de Gran Canaria. Era todo un reto, pero contaba con un equipo extraordinario y, este sí, muy experimentado.

Cada mañana, al llegar a la oficina, leía el parte de acontecimientos del día anterior y las denuncias que nos habían correspondido por las competencias del Grupo. Distribuía los asuntos en tres cajas puestas sobre una mesa en mitad de uno de los dos despachos que tenía el Grupo, el que daba al mar y tenía una vista privilegiada. Una caja tenía el cartel de muy urgente, otro de urgente y del otro no recuerdo el nombre, pero era evidente que no requería actuaciones inmediatas. Los compañeros del Grupo, según llegaban a la oficina, revisaban las cajas y tomaban la tarea según el nivel de urgencia. Era un modo de organizarse que funcionaba y que nos permitía encarar los asuntos con cierto orden.

Por otro lado, no ha de pensarse, por muy psicólogo que yo fuera, que la aplicación de la psicología en esos momentos yo la realizaba siguiendo un plan o de un modo sistemático. No, todavía era muy pronto. Bastante tenía con aprender a ser policía y tener responsabilidad sobre otros. Simplemente, los conocimientos que podía tener los aplicaba según el caso: tomando declaraciones, pensando en vías de investigación, etc. Era todo mucho más policial que psicológico. Visto ahora, era un proceso que se iba acumulando de un modo lento, invisible, pero imparable. Crecía como psicólogo y como investigador. Acumulaba experiencia y en mi mente, de un modo no consciente, quizá, algo se esbozaba.

Mientras, se producían éxitos policiales, como la detención de un violador en Tafira Alta, la de un marinero ruso que mató a puñaladas a un compañero, otro violador en la capital de la isla, un joven de diecisiete años agresor sexual en serie…

Y mi primer servicio de incidencias, ni más ni menos que aquel incidente que tuvo la modelo Naomi Campbell con el bailaor Joaquín Cortés. Me tocó tomarle declaración en la cama de un hospital y, sí, tengo grabado en la memoria que, convaleciente de una sobredosis de medicamentos, su rostro me pareció realmente hermoso. La nota informativa decía lo siguiente, salvados determinados datos personales:

> NOTA INFORMATIVA
>
> Asunto: Sobre ingreso en Servicio de Urgencias de Naomi Campbell.
>
> El Inspector que suscribe, con número de carné profesional 78.840, adscrito al Grupo de Homicidios de la B.P.P.J., estando de servicio de incidencias, recibió a las 19:31 horas aviso a través del «busca-personas» para que se pusiera en contacto con la Sala Operativa del 091, donde le comunicaron que realizara gestiones para esclarecer un intento de suicidio por parte de la modelo internacional Naomi Campbell.
>
> Personado en la Clínica Nuestra Señora del Pino, donde había sido ingresada, se entrevista con el doctor T., con número de colegiado X, el cual solo estaba autorizado a dar la hora de ingreso de Naomi Campbell en el hospital.
>
> Este Inspector solicita entonces hablar con el superior jerárquico, que resulta ser la Directora Médico F., la cual comunica que, a su vez, va a solicitar a sus superiores autorización para dar más datos sobre el incidente.
>
> Tras una espera de unos quince minutos, se entrevista con este Inspector de nuevo el médico de guardia, quién COMUNICA:

«Que alrededor de las cinco horas del día de la fecha ingresó en el Servicio de Urgencias de ese Hospital la paciente Naomi Campbell. Que en un primer momento fue atendida en el Hotel Santa Catalina por una unidad del 061 y concretamente por el médico B. Que la paciente admitió que había ingerido unas VEINTE (20) pastillas del medicamento ALPRAZOLAN (benzodiacepina), además de alcohol. Que la paciente ingresó consciente ya que ese medicamento todavía no se había disuelto en sangre, por lo que fue suficiente con realizarle un lavado de estómago.

A las 20:45 horas la paciente solicitó el Alta Hospitalaria Voluntaria, lo que le fue concedido y firmado».

El Inspector que suscribe solicitó entonces entrevistarse con la paciente Naomi Campbell, hecho que se produjo en la presencia de su mánager y del médico de guardia, MANIFESTANDO la paciente:

«Que se encontraba en el hotel con el artista Joaquín Cortés y con una amiga de ambos, llamada J. nacida el X en Y. Que a eso de las tres de la mañana se encontraba mal por lo que tomó la medicación antes mencionada, que no requiere receta, pero que al persistir el malestar, decidieron llamar a la recepción del hotel, quienes avisaron a los servicios médicos. Que tomó algo de alcohol durante la cena, pero que solo tomó una pastilla».

Este Inspector se dirigió al Hotel Santa Catalina, donde se hospeda Naomi Campbell. Allí se puso en contacto con el Director del mismo, Q., quien comunica que, según le informaron los servicios de seguridad del hotel, estos tuvieron que intervenir alrededor de las tres de la mañana ya que se estaban produciendo incidentes en la habitación de la modelo, por lo que el que suscribe decidió entrevistarse con el Jefe de Seguridad, B, quien manifiesta:

«Que según los partes de ocurrencia rellenados por los vigilantes de seguridad, K. y G., ambos de la Empresa de Seguridad Z, a las 03:30 horas oyeron discusiones en la habitación número quince, habitación donde se hospeda Naomi Campbell. Que al personarse en dicha habitación, sus ocupantes se calmaron, por lo que los vigilantes se marcharon. Que a las 04:10 horas, recibido aviso en la recepción desde la habitación número quince requiriendo asistencia médica, el recepcionista de turno requiere de nuevo a los vigilantes para que acompañen a los componentes de una dotación del 061 a la habitación antes mencionada, pero los vigilantes no subieron, haciéndolo en su lugar el declarante, Q., que personado con los sanitarios en la habitación, encontraron esta en total desorden, con Naomi tumbada en la cama. Que alguien comentó que la modelo se había tomado unas pastillas, pero no puede precisar quién fue, pero que se buscó por la habitación hasta que apareció un frasco del medicamento antes indicado, que fue recogido por los sanitarios del 061, por ser de interés para el tratamiento de la urgencia.

Que tanto Joaquín Cortés como J. acudieron al Hospital con la ambulancia.

Que Joaquín Cortés ha decidido cambiarse de Hotel a raíz de los hechos, hospedándose actualmente en el Hotel Reina Cristina».

A la presente nota se adjunta un parte médico expedido por la Dirección de la Clínica a nombre de Naomi Campbell.

Las Palmas, a quince de junio de 1997.
Fdo. Juan Enrique Soto Castro

No puedo evitar ahora, al transcribir la nota, sonreír con indulgencia ante la ingenuidad del inspector que la redactó, yo mismo, claro, porque ahora habría hecho las pesquisas de otro modo, sin dejar tantos cabos sueltos, pero he de reconocer que, para ser el primer servicio de incidencias realizado como policía en activo, es decir, en sus primeras semanas de profesional, no está del todo mal y, desde luego, fue algo digno de constituir un estreno curioso en el servicio de incidencias.

Ahora que caigo. Es muy posible que la nota informativa que tuve que redactar para mis superiores fuera uno de mis primeros textos publicados, porque, al día siguiente, esa misma nota apareció calcada en la prensa. Eso sí, sin mi firma. Mi nota informativa se transformó en nota de prensa.

### *Pulgas y primicias periodísticas*

Investigando la desaparición de un anciano, por dos veces me llené de pulgas, junto con un compañero del grupo y el de Policía Científica, hasta el punto de que el coche acabó en un hospital público siendo desinfectado completamente.

La primera vez ocurrió al ir a hablar con un hombre que regentaba una chatarrería. Recuerdo que en un sofá desvencijado, al aire libre, entre cachivaches viejos y oxidados, yacía un perro muerto. No pasamos cerca, pero tampoco debió de ser lo suficientemente lejos. Hicimos lo que fuimos a hacer allí y nos marchamos.

Al poco, en el coche, el oficial de policía que conducía se miró el antebrazo derecho que sujetaba el volante y vio una pequeña mancha. Al mirar mejor, apreció que había otras muchas en los brazos y en las piernas. Algo exclamó que hizo que nos mirásemos los demás. Los tres estábamos llenos de esas pequeñas manchas que resultaron ser pulgas. Da cierto repelús recordarlo. Curiosamente, solo picaron al compañero de Policía Científica sentado en el asiento trasero, al que al día siguiente vimos con evidentes marcas de la infestación.

Desde el coche, llamé a casa para avisar de que, según llegara, mi mujer abriera las puertas del apartamento porque me iba directamente a la terraza, donde me pulverizaría insecticida por el cuerpo y la ropa. Una escena curiosa desnudarme allí mientras ella me fumigaba de arriba abajo.

La segunda vez resultó peor porque fue reincidencia por nuestra parte. Tuvimos que volver a la chatarrería porque el anciano no aparecía y aquel lugar estaba relacionado de alguna manera que no recuerdo. De hecho, esa desaparición quedó sin resolver en el tiempo que estuve destinado en las islas. Desconozco si se resolvió. Muchas personas adultas se marchan para no querer ser encontradas y no se puede hacer mucho si esa es su voluntad. Incluso, aunque las encontremos, son adultos y, si manifiestan que no desean ser localizados por familia o amigos, hemos de respetar su voluntad, aunque informemos al Juzgado para que la denuncia por desaparición quede sin efecto.

El caso es que en la chatarrería, aleccionados por la primera vez, pasamos aún más lejos del sofá, donde el perro ya solo era un pellejo seco. No debió bastar tampoco o, quizá, el cadáver del animal solo era un señuelo para que nos alejáramos de él y nos metiéramos directamente en el nido de pulgas. Cuando estuvimos en el coche, apreciamos que esta segunda vez nos habíamos infectado tanto de bichos que tuvimos que llamar al hospital de la ciudad para que nos esperaran con fumigadores y no solo para nosotros, sino también para el vehículo, porque se había convertido en una trampa. Creo recordar que el sanitario que nos esperaba sonreía maliciosamente. El coche quedó inservible durante un tiempo debido al insecticida en grandes dosis.

En otro orden de cosas, tuve mi primer encontronazo, de otros muchos que llegaron después, con la prensa. Se produjo por causa de otro violador en serie, al que denominaron «el violador del monte». Después de varias agresiones durante una semana, cuando ya estaba dispuesto el dispositivo policial para impedir una nueva agresión y detenerle, recibí la llamada de un periodista. Recuerdo su nombre y el del diario, pero me lo callo. Es curioso cómo unos nombres se pierden en el olvido y otros permanecen tan afianzados en la memoria que acuden frescos. El periodista se había enterado de las agresiones y quería publicarlo. Le pedí encarecidamente que esperara un día más, solo uno, que yo le daría la exclusiva de lo que consiguiéramos. No esperó, publicó la serie de agresiones que se había producido en esa zona y el agresor, alertado, no volvió a agredir. El caso quedó sin resolver, aunque diez años después se produjo una circunstancia muy curiosa, sobre todo para los que nos afanamos por comprender los procesos psicológicos implicados en el ámbito criminológico.

Diez años después de estos hechos, como decía, un compañero me llamó desde Canarias. Me dijo sencillamente que habían detenido al «violador del monte». Una de sus víctimas había visto a su agresor en un autobús, una guagua, como dicen allá, y los policías habían logrado identificarlo. Hicieron un reconocimiento fotográfico con otra de las víctimas, que también reconoció sin lugar a dudas al mismo individuo. Así que lo detuvieron y el juez de instrucción lo mandó a prisión preventiva. La prensa se hizo eco con aquello de que la Policía no descansa, de que diez años después un peligroso agresor sexual había sido localizado, identificado y detenido. Un gran éxito policial.

Sin embargo, las felicitaciones se convirtieron en amargos reproches cuando, meses después, llegaron los resultados del ADN para indicar que no, que ese no era el violador. Así que se pasó de un éxito policial a un error judicial. Un inocente pasó mucho tiempo en prisión por un delito que no había cometido. Indeseable, en todo caso.

En lo que no dejo de pensar es en los procesos psicológicos, fundamentalmente, de memoria, implicados en este caso, en las dos víctimas. Una de ellas se cruzó con un individuo y algo en él la llevó a asociarlo con el que la agredió diez años atrás, sin dudar. Y esa misma persona mostrada a otra víctima va y lo reconoce también. No era quien creían, pero las dos creyeron reconocerle. ¿Qué rasgos de esa persona podrían llevar a una confusión de este tipo? Está claro que aún tenemos mucho que aprender sobre el proceso de generación y evocación de los recuerdos, más si son de eventos potencialmente traumáticos como los que produce una agresión sexual.

Conservo muchos de los recortes de prensa de aquellos años, con las informaciones de los casos más relevantes, los esclarecidos y los que no. Fueron muchos los detenidos, mucha la experiencia adquirida, muchos los malos momentos, las frustraciones y también los éxitos. También fueron mis inicios como formador de otros compañeros. Sobre la atención a víctimas de agresión sexual, por ejemplo, o las tomas de declaración. Fue otro de esos caminos que se abren ante uno, que se afrontan con cierto miedo, pero también con excitación. Hoy, casi treinta años después, no dejo de participar en eventos formativos. Es una de las actividades profesionales que más disfruto, en las que me siento cómodo. Pero de esto hablaré luego porque ha supuesto y sigue suponiendo un gran capítulo en mi carrera profesional.

### *Mis primeras estadísticas*

Según escribo estas líneas, veo entre las notas que conservo mis propias estadísticas sobre casos esclarecidos, detenidos, oficios escritos... durante los dos años que dirigí el grupo de Homicidios, de 1998 a 1999. El analista que llevaba dentro pugnaba por salir.

Según mis anotaciones, en el año 1998 el Grupo de Homicidios esclareció 425 casos y detuvo a 71 personas. En el año 1999, hasta julio, esclareció 369 y detuvo a 43 personas.

Incluso ahora, en la universidad, sigo haciendo estos cálculos, con sus gráficas correspondientes de mis actividades profesionales. Es una manía como cualquier otra.

El caso es que el Grupo de Homicidios funcionaba muy bien. Éramos más que un grupo, un equipo. La inspectora, compañera de promoción; un policía enorme con manos como palas; un oficial de policía, incansable y testarudo; otro policía, con su archivo de desaparecidos siempre al día; y una policía con una implicación y una generosidad hacia el servicio enorme. Con el compañero que llevaba el control de las desapariciones aprendí, como ya dije antes, que nueve de cada diez personas desaparecidas lo hacen por propia voluntad y que no suelen querer que se las encuentre. Sin embargo, ese uno de cada diez resultan ser los casos más difíciles de investigar. Bien lo sabría yo después. Me falta mencionar a otro oficial. Más enigmas de nuestra memoria. Todos juntos formábamos un gran grupo. Tanto que las muertes violentas que se produjeron durante ese tiempo fueron todas esclarecidas, aunque algunas de las que ocurrieron antes, al marcharnos, siguieron siendo un enigma. No pude poner el marcador a cero, expresión que empleó un compañero de las unidades centrales cuando le pedí que me informara de los casos abiertos, aunque fríos, de nuestra competencia.

En el Grupo de Homicidios nos defendíamos del sufrimiento ajeno con todo el sentido del humor que podíamos improvisar. No es fácil hacer de tu día a día la exposición a la muerte y al dolor. Lo instintivo es huir de ella, alejarse de quienes lo sufren, pero, lejos de eso, nos acercamos con ánimo de dar lo mejor de nosotros mismos, a pesar de las dramáticas circunstancias.

Por aquel entonces, para las guardias, los servicios de incidencias, usábamos un pequeño artefacto hoy olvidado: el busca-personas. Cada uno de nosotros se lo llevaba durante una semana y todos los casos que surgieran esos días en horas fuera de oficina, como las noches o los fines de semana, el agraciado debía chequearlos. La mayoría resultaban ser muertes naturales o suicidios. Desde aquellos días, cuando me despierto, ya estoy mentalmente listo, porque, cuando estaba de guardia, en cualquier momento de la noche podía sonar el odiado artefacto con su *bip-bip*. Me levantaba de la cama a toda velocidad y cuando llegaba al teléfono para llamar a la sala del 091 ya estaba alerta y despierto para recibir toda la información.

### *El drama de los suicidios y la tristeza de una horrible noticia*

Normalmente, como decía, eran suicidios o muertes naturales con algún elemento inusual o en los que el médico de guardia no quería firmar la defunción por los motivos que fuese. Los suicidios eran algo habitual, pero hubo un viernes especialmente malo. Era de día, por la tarde. Nos avisaron de que una persona se había precipitado desde una azotea, cerca de Jefatura. Llegamos dos del grupo y, mientras estábamos haciendo la inspección ocular, nos avisaron de que se había producido otro suicidio en otra parte de la ciudad. Nos dividimos. Al llegar al segundo lugar nos avisan de la sala diciéndonos que hay un tercero, por lo que pedimos que acordonaran y esperaran a que termináramos en las demás.

Por desgracia, los suicidios eran habituales. Lo son hoy en día. No hay más que mirar las estadísticas. Pero una cosa es conocer los números y otra acudir a los lugares donde esas personas se han quitado la vida. Múltiples métodos, el mismo resultado, el fin de una vida de sufrimiento para la que no se encuentra otra salida. Son todas historias tristes y cuesta acostumbrarse a ser testigo de una decisión así. Imposible no sentir compasión.

Aunque también sucedían cosas increíbles, como la muchacha que saltó desde un séptimo piso, destrozó un coche y de rebote el que estaba al lado y no se rompió ni un solo hueso. Nada, ni una fractura. Fue increíble. Estuvo una semana en el hospital en observación y después, por su propio pie, se acercó a por su DNI, que nos lo habíamos quedado en el Grupo para enviárselo al Juzgado, como debíamos hacer en estos casos.

—Por favor —le dijimos en un ingenuo intento por luchar contra su terrible decisión—, no nos des más trabajo.

Puede parecer fría la expresión. El papel no lo soporta todo porque no se aprecia la empatía con la que la expresamos. Creo que todos los allí presentes, incluso ella misma, sentíamos que se le había concedido una segunda oportunidad para intentar ser feliz.

Estos tristes sucesos me mostraban el acto de morir de muy diversos modos. Cuando el sufrimiento lleva a las personas a la decisión de acabar con sus vidas, uno se encuentra con que deciden hacerlo con cualquier medio a su alcance. Hay algunos que asombran precisamente por la potencia de su decisión y van mucho más allá de lo que cuesta entender.

Así, ver a un adolescente que se ha ahorcado del picaporte de su cuarto, con los pies sobre el suelo, de tal modo que podría haber renunciado a morir en cuanto la sofocación comenzara a generarle angustia, y sigue adelante hasta que pierde el conocimiento y, por lo tanto, muere, me dejó atónito.

O como aquella mujer que se arrojó desde la azotea después de rociarse de alcohol y prenderse fuego. Un vecino informó de ver a través de su ventana una bola de fuego. Recuerdo que, al ver el cuerpo sobre la acera, pensé que era una mujer joven. En realidad, era una mujer de más de sesenta años, pero la combustión, tan rápido, hizo parecer su piel mucho más joven.

En otra ocasión, a pesar de tener el busca en mi poder, decidí ir al cine con mi mujer. Me la jugué pensando que podía tener suerte y que no sonara en lo que veía la película. Era *El abuelo,* dirigida por José Luis Garci y protagonizada por Fernando Fernán Gómez. Ingenuo de mí. Cuando quedaban quince minutos para el final, sonó. Sí, era un suicidio.

Ocurrió en un viejo palacio que ocupaba una gran empresa pública. El vigilante de seguridad que descubrió el hecho estaba muy nervioso y empeñado en enseñarme lo que había visto tal cual lo vio él. Así que me llevó al ático, donde estaban los servidores informáticos. Nos alumbraba con su linterna, porque en su recorrido no encendía luces. Por ello, cuando entramos en la amplia habitación, recortado contra las grandes cristaleras que daban a la calle, pude ver la silueta de un ahorcado. La imagen, sí, era espeluznante y comprendí de inmediato la ansiedad del vigilante nocturno.

Para colmo, el jefe de turno de patrulleros, un inspector al que conocía de otros servicios, me dio un pequeño disgusto. Por su equipo de transmisiones escuché cómo le informaban de que el hijo de la persona que se había suicidado estaba abajo, preocupado por que su padre no llegara a casa. Le escuché decir que bajaba y aunque salí a toda prisa detrás de él (recordad que dije que le conocía) no llegué a tiempo para evitar escuchar la siguiente frase expresada como una exclamación:

—¡Chaval, que tu padre se ha ahorcado!

Así le comunicó el fallecimiento de su padre, sí. Todo delicadeza, ¿verdad?

Precisamente, una de las actuaciones policiales que más impacto me producía era comunicar el fallecimiento de alguien a sus familiares. Como responsable del Grupo, asumía esa función. Después de un servicio como ese, yo ya no levantaba cabeza. Tener a los familiares ante mí, sabedores de que si la Policía llama a tu puerta y los rostros de los funcionarios están apesadumbrados, nada bueno van a comunicarte. Para mí, sigue siendo el peor servicio policial.

En cualquier caso, recuerdo con mucho cariño esos años. Y, aunque el balance es muy positivo, visto en perspectiva, sé que hubo también muy malos momentos. En el lado positivo de la balanza, quiero destacar que hasta nos hicieron un reportaje en el *Diario de Las Palmas* cuando mi compañera y yo dejamos Las Palmas para ir destinados, por petición propia, a la península. Lo escribió una periodista, especializada en sucesos, una mujer muy especial, de la que recuerdo que fue monja, pero, como decía ella, divorciada de Dios. Pero no quiero hablar todavía de despedidas porque aún hay cosas que contar de la aventura canaria.

### *El antes y el después como policía*

Hubo un caso especial, por lo complejo y por las personas involucradas, que me marcó como ninguno otro en esa época inicial de mi carrera. De hecho, gran parte del motivo por el que me marché de ese destino era porque me había visto inmerso en la investigación de un homicidio muy complicado, intricado, a su vez, dentro de una red de corrupción policial que acabó con varios detenidos de la Policía Nacional y de la Guardia Civil. Es obvio que no voy a entrar en detalles. Me vi completamente implicado en el asunto. Cuando el caso se hubo esclarecido, me encontré con que me reubicaban de puesto de trabajo. Dejaba el Grupo de Homicidios para dirigir el Gabinete del jefe superior. Este cambio podría considerarse un premio o un ascenso; sin embargo, yo no lo tenía tan claro, porque sentía que lo que la superioridad deseaba era tenerme cerca. En cualquier caso, era llegado el momento de marcharme de las islas porque resultaba muy incómodo seguir allí con todo lo que había pasado.

Poco tiempo después, ya en la península, me enteré de que el confidente que tuve en ese caso, que delató a varios individuos entre los que se encontraba su hermana, fue asesinado.

Se produjo en el asunto en cuestión una circunstancia (no narraré más que esta porque no me quiero enredar más de lo debido) que de haberla escrito en una obra de ficción habría sido increíble de tan azarosa o coincidente, pero es que en la realidad las coincidencias también se dan.

Nos citamos con un confidente que, a su vez, nos podía llevar a otro y este, sí, este también, a un tercero. No entro en más detalles. Para poder hablar con el último de ellos, acudimos a un camino perdido en mitad de un monte, después de dar mil vueltas con el coche, al atardecer, muy de película, para evitar testigos no deseados. Según hablaba yo con él en el camino de tierra, veo que se acerca un vehículo todoterreno y al pasar junto a nosotros lo hizo muy despacio. Demasiado despacio. Tanto que pensé que era innecesario hacerlo a esa velocidad, que no iba a rayársele el vehículo con los nuestros, allí aparcados, porque había espacio de sobra. Vamos, que lo interpreté como un exceso de prudencia por parte del conductor.

El caso es que, según se alejó el todoterreno, se me acercó mi compañero y me dijo que acababa de liarse una buena. ¿Por qué? Porque él conocía a la persona que conducía ese vehículo, que, a su vez, le conocía a él y a todos los que allí estábamos conversando, los del lado bueno de la Ley y los del otro. Es decir, ese tipo acababa de saber que la Policía se estaba entrevistando con alguien que tenía información sobre otras personas y él conocía a esas personas, con lo que no tardaría mucho en informar del encuentro. Tanta precaución por nuestra parte había saltado hecha añicos esa misma tarde por una casualidad.

A la mañana siguiente pude comprobarlo porque aquellas personas implicadas directa o indirectamente en la investigación, algunos a quienes yo veía a diario, ya asumían que yo sabía lo que no debía saber. A partir de ahí se generó una situación muy delicada, que se complicaba aún más porque la Unidad de Asuntos Internos por aquellas fechas estaba investigando una posible red de corrupción policial, vinculada, sobre todo, con el aeropuerto de Gando, el aeropuerto internacional de la isla.

### *El dolor de una madre*

Otro de los casos lo recuerdo a menudo. Un caso doloroso también. El azar aparece varias veces en este libro. Al fin y al cabo, el trabajo de policía, la delincuencia como fenómeno social, no deja de ser la vida misma, solo que vista desde uno de sus lados más oscuros y tristes.

En el caso que voy a relatar, el azar tuvo su intervención. Buena, por un lado, porque nos permitió conocer un crimen; mala, porque cuando lo hizo ya fue muy tarde.

El Grupo de Homicidios, como os dije, tenía entre sus competencias la investigación de las desapariciones de personas. Una de ellas fue la denuncia por desaparición de un joven de poco más de veinte años. Vino a Gran Canaria desde Lanzarote a vender efectos deportivos, creo recordar, y no se volvió a saber de él. En principio, no apreciamos el menor indicio de que fuera una desaparición en contra de su voluntad, por lo que no se llegó a ninguna parte con las pesquisas iniciales.

Pasados unos días, mi mujer me comentó que la recepcionista de la clínica en la que ella trabajaba le había dicho que andaba muy preocupada por un amigo del que sabía que había venido a la isla con la intención de comprar cierta cantidad de droga, pero que había desaparecido. Extrañado, le pregunté si sabía el nombre y, cuando me lo dijo, recordé que teníamos una denuncia a su nombre. De pronto, sí que había un indicio inquietante.

La investigación cambió de rumbo. Se tomó declaración al hermano menor del desaparecido, pero negó en todo momento la cuestión de la droga. Como no le creímos, solicitamos un mandamiento de intervención telefónica de su número. Gracias a ello, averiguamos que efectivamente ambos hermanos se dedicaban al menudeo de droga. Solo cuando pusimos al hermano ante los indicios del delito, reconoció que el desaparecido había concertado una cita con unos traficantes para comprarles droga, por lo que creo recordar por valor de un millón de pesetas, que no es nada desdeñable para una red tan pequeña como la que formaban.

El caso es que eso nos permitió identificar a esos individuos y realizar una importante investigación sobre ellos. Desgraciadamente, habíamos llegado muy tarde y no fuimos capaces de obtener el menor indicio que nos sirviera de cara a un juicio. Es más, uno de esos individuos en su día regentaba un crematorio de animales, con lo que las posibilidades para deshacerse de indicios era obvia.

Es curioso cómo tengo asociado un modelo de coche muy concreto con ese caso porque, por la intervención telefónica, supimos que uno de los sospechosos se jactaba ante los demás de que era el deportivo que se iba a comprar. No hay vez que no vea ese coche que no piense en él. Años después me enteré de que había ingresado en prisión por tráfico de drogas. Sin embargo, por este asesinato había eludido toda responsabilidad. Fue muy poco consuelo.

Mes tras mes recibía la visita de la madre del muchacho desaparecido, que se desplazaba desde otra isla del archipiélago solo para preguntarme si habíamos avanzado en la investigación de la desaparición de su hijo. Ver y hablar cada mes con ella, que no perdía la esperanza y que no tenía ni idea de las actividades ilegales de su hijo, me partía el corazón. Como jamás llegamos a tener la certeza de lo que había ocurrido, no podía contarle lo que pensábamos del asunto, por muy doloroso que fuera estar frente a ella.

En este caso me llevé un buen susto un día, porque cada pocas semanas llamaba al número de teléfono del joven y siempre daba desconectado. Hasta que un día, mucho después, volví a llamar y dio tono de llamada. Me sobresalté y esperé atento. A los pocos segundos, contestaron. Era una voz de hombre. Alarmado, pregunté por el nombre del desaparecido, un nombre que, además, no era nada común, y contestaron «sí, quién es». Mi ansiedad se disparó. Como no daba crédito a lo que escuchaba, volví a preguntar de nuevo el nombre añadiendo el apellido. No, el apellido no coincidía. El nombre sí, pero nada más. No era él. Así que, después de asegurarme, colgué.

Volví a llamar, pero ahora con mucho cuidado de marcar bien los números y, efectivamente, dio desconectado, como hasta ese momento había sucedido cada vez que lo intentaba. Me había equivocado en la llamada anterior y al otro lado de la línea respondía alguien con el mismo nombre. ¿Qué decía del azar y de las coincidencias?

### *El fugitivo*

Y sigo con las casualidades. El tipo del deportivo, sí, ese que se nos escapó por el asesinato de un joven. Durante la investigación de esa desaparición, para nosotros un asesinato, teníamos intervenido su teléfono. De esa manera averiguamos que se estaba moviendo de una isla a otra, sin parar apenas, como si no pudiera estarse quieto en un sitio concreto y ello se debiera a una razón que desconocíamos.

El caso es que en algunas de las llamadas desde y hacia su teléfono escuchábamos a otra persona que parecía ir con él. Hablaba en un idioma que no reconocíamos y que resultó ser un dialecto holandés. Solicitamos un intérprete y no fue fácil encontrarlo porque ese dialecto es muy peculiar y minoritario. Lo importante es que entendió lo suficiente como para informarnos de que ese holandés estaba dando instrucciones a otros compatriotas en Holanda sobre cómo debían quedar con una persona concreta, una mujer, que quería comprarles droga, para matarla y quedarse con el dinero. Sí, justo lo mismo que pensábamos de nuestro caso.

Recuerdo especialmente que el intérprete nos dijo, alarmado, después de traducir la conversación telefónica, que aquella persona era realmente malvada. Solo escucharla le había atemorizado. Cómo sería ese individuo en persona. Aquello se me quedó grabado.

Teníamos suficiente información como para transmitirla a Europol para que frustraran ese asesinato, aunque, la verdad, no recuerdo en qué quedó la cosa. Quiero pensar que llegamos a tiempo.

Sin embargo, no sabíamos quién era. Por un lado, seguíamos el itinerario de nuestro sospechoso de asesinato de isla en isla, que iba acompañado, entonces ya lo sabíamos, por un criminal muy peligroso al que parecía estar ocultando con tanto viaje. Por ello, aprovechando que las Unidades de Intervención Policial, las UIP, realizaban un servicio preventivo en los ferris, coordinamos un dispositivo en el que, sabiendo en qué barco se encontraban y cuándo, procedieran a identificar al pasaje para así averiguar quién era el tipo en cuestión.

El día del dispositivo me llamó el jefe de la UIP para decirme que ya lo habían identificado, pero que habían tenido que detenerle porque era uno de los delincuentes que recientemente se había fugado de la prisión del Salto del Negro, en Gran Canaria. Y sí, era un tipo peligroso.

Gracias a la coordinación entre distintos servicios policiales y también a la casualidad, se detuvo a un criminal bastante indeseable.

### *Con el arma en la mano*

Perseguir a alguien con la mano en la culata de la pistola y esta en su funda no es fácil, ni rápido, pero no me quedó más remedio. Perseguía a un individuo extremadamente peligroso, al que queríamos detener, sabedores de que había degollado con gran frialdad a un traficante de drogas. Se había ocultado en el piso de otro confidente, pero lo descubrimos. El titular del inmueble nos concedió paso. Su permiso de entrada lo redacté en un trozo de papel a mano alzada, allí mismo, en la calle. Entramos, lo buscamos y, de pronto, le vimos huir hacia la azotea. Salí corriendo detrás de él.

Cuando miré hacia atrás, me vi solo, de tejado en tejado, corriendo, trepando, saltando, por terrazas, azoteas, tejados, hasta que llegamos a un edificio abandonado, por una de cuyas ventanas entré, pistola en mano, ahora sí, con el corazón en la garganta y no solo por el esfuerzo físico, sino también por el miedo. Es curioso cómo el sentido del deber te empuja a avanzar a pesar de que el temor te exige que desistas, que ya se le cogerá, que es más sensato no arriesgarse. Es más, es que ni se piensa, solo se actúa.

Parecía una escena de película en la que no faltaban los maniquíes abandonados y desnudos, las habitaciones vacías, la suciedad, las sombras y los ecos inquietantes. Dije que iba solo. En realidad, al mirar atrás y ver los tejados, además de que me decía que el camino de vuelta sería imposible, que yo por esos muros no podría regresar, vi también que me apoyaba, aunque lejos, un patrullero uniformado. De los de mi Grupo ni un atisbo. Les eché después, en la calle, una buena bronca por dejarme solo en el trance. Que habían ido a cerrar las posibles salidas, me dijeron. Yo habría esperado que persiguieran conmigo al fugitivo por las azoteas, pero no, ninguno me cubrió las espaldas. ¡Canallas! Apuesto a que pensaron más en no mancharse la ropa que en darme apoyo. Entiéndase la ironía.

Se nos escapó, en cualquier caso. Tanto esfuerzo y, lo reconozco una vez más, miedo no sirvieron de nada. No ese día.

A ese mismo delincuente lo encontramos días después escondido en un zulo detrás de un mueble, encogido como una oruga en su capullo, en un narco-piso. Ese confidente que dije que fue asesinado estaba muy asustado y pendiente del tipo fugado porque se sabía amenazado por él. No paró de llamarme por teléfono porque había visto cómo se metía en ese tenebroso lugar.

Entramos varios policías. Mira que dimos vueltas entre la ruina de esas habitaciones, entre desechos humanos que nos miraban sin ver sumidos en su mundo irreal bajo los efectos de las drogas. Allí no había donde esconderse, ni muebles, ni trastos, nada, salvo colchones mugrientos, basura y una pequeña cómoda vieja, pero el caso es que no le encontrábamos y no había por dónde salir. Tenía que estar allí dentro.

No sé quién probó a mover la pequeña cómoda, que no tendría más de un metro de altura, porque dentro no cabía una persona y era inútil plantearse siquiera que alguien pudiera meterse dentro de un mueble tan pequeño. Pero, sorpresa, sí ocultaba un zulo excavado en la pared. Tan peligroso que era el individuo que perseguíamos y allí estaba, quietecito, encorvado en posición fetal, tan encajado en el hueco que ni respiraba y nos miraba de reojo porque no podía girar la cabeza. Tal vez pensaba que en la inmovilidad lograría ser invisible, como hacen muchos animales e insectos al verse en peligro. No le funcionó. Mi confidente respiró ese día al ver al tipo aquel mientras le metíamos esposado en un coche patrulla. Tiempo después le mataron.

Hablando de detenidos. El arresto más fácil de hacer de todos los que tuve oportunidad de capturar en toda mi carrera profesional lo hice en Canarias. Fue por homicidio. Aprovechó un permiso carcelario para cometerlo, así que me desplacé desde Gran Canaria a Tenerife y en la prisión en la que estaba interno solicité verlo. Recuerdo verlo aparecer al fondo de la sala, como cavilando quién preguntaría por él. Al otro lado de la mampara y de los barrotes se sentó, me identifiqué, le indiqué que quedaba detenido por homicidio y le leí sus derechos. El tipo ni se inmutaba. Resultaba curiosa la situación.

—¿Vas a firmar tus derechos? —le pregunté mostrándole el formulario. Por toda respuesta se levantó y se marchó. Creo que no llegó a abrir la boca. Era solo una causa más a añadir a las muchas que llevaría en su mochila criminal.

*Ser consciente de la auténtica y verdadera emoción del terror*

Ahora es complicado describir con palabras esa emoción. La escritura tiene sus limitaciones. Las tengo yo, más bien. Me refiero al miedo en su más pura esencia, al terror absoluto que te invade en un instante y te envuelve con un manto del que es imposible escapar.

Como estaba de guardia y tenía el busca-personas, me sonó. Siempre sonaba. Habían encontrado un cadáver en el baño de un bar. Fui con un compañero de la Policía Científica para comprobar el suceso. Había un varón muerto en el suelo del bar, junto al minúsculo baño. Por su aspecto, era un politoxicómano. Apreciamos en distintas partes de su cuerpo numerosas erupciones cutáneas propias de una infección aguda de VIH. No toqué el cadáver, no había motivo para ello, pero sí extraje de su bolsillo su cartera para averiguar su identidad. Estaba cometiendo uno de los errores más imperdonables que se pueden cometer en estas ocasiones. Ni los novatos lo hacen. Pero me había descuidado o, lo que es peor, confiado.

Tenía su cartera en la mano para buscar su carné. Entonces, vi que en un dedo de mi mano izquierda había sangre. La sangre manchaba la cartera y ahora estaba también en mi dedo. En ese dedo, además, tenía una herida y, adivinad, me había manchado justo en ella.

Ahora viene la parte que no soy capaz de describir, aunque lo intente, con la precisión que habría deseado. Debió de entrarme un escalofrío tan profundo que me conmueve recordarlo. Mis pupilas seguro que se dilataron, mi corazón debía de latir a gran velocidad, un sudor frío recorrería todo mi cuerpo… pero, en mi mente solo había una imagen, la sangre en la herida, una instantánea fija, inevitable, recurrente y una emoción al interpretarla, el miedo, el miedo más auténtico, el verdadero terror. Acabábamos de comprobar que la causa de la muerte tendría que ver mucho con ser portador de SIDA y allí estaba yo, con la sangre del fallecido en mi dedo herido.

No sé cómo, pero terminé la inspección sin alarmar a nadie y salí a la calle con la intención de hacer una llamada urgente. Se la hice a la médico forense que sabía que estaba de guardia y se lo conté.

—¡Ay, estos nuevos! —exclamó, para después indicarme—. No te preocupes. A estas alturas, todas esas células (las de la sangre que estaban sobre mi piel) están muertas.

Me hizo dos sugerencias, más para tranquilizarme que otra cosa, entiendo. La primera, que me lavara con lejía abundante las manos. Debí desollármelas de la intensidad y la cantidad de lejía que empleé. La segunda, que me hiciera un análisis de sangre para detectar VIH. Salí todo lo rápido que pude y, en cuanto llegué al hospital, me identifiqué y expliqué lo sucedido. De inmediato me hicieron el análisis, aunque los resultados tardarían una semana en llegar.

Debió de ser fin de semana porque era de día y yo estaba de guardia. Sábado o domingo. Además, el lunes me encontré con el compañero de la Policía Científica, con el que ya me llevaba bastante bien, y con el que coincidí años después tanto en las entrevistas de oposición, porque también estudió Psicología, como en la División de Formación, donde dirigía el Gabinete de Atención a los Alumnos del Centro de Altos Estudios Policiales. Sin él saber nada de lo que me había pasado con el cadáver ni de mi sufrimiento, no dejaba de comentarme el mal estado de la víctima del fin de semana, de las ronchas que presentaba por todo el cuerpo, del evidente deterioro de su persona y seguía y seguía y, en su ignorancia, me martirizaba. Años después bromeamos con esta situación, pero entonces fue para mí una verdadera tortura.

Ni me atrevía a besar a mi mujer. No le dije nada por no preocuparla. Con uno que sufriera era suficiente. Viví en la obsesión y en el miedo toda esa semana hasta que me llegó el sobre con los resultados. Jamás abrí una carta con tanto temor como aquella. Se me fueron los ojos a la palabra en mayúsculas: NEGATIVO. Entonces, aliviado, se lo conté.

No recuerdo más, ni su reacción ni la mía. Solo sé que después, cada vez que he donado sangre, al recibir los resultados, recuerdo aquellos días en los que una emoción pura recorrió cada una de las células de mi ser, el terror. Desde ese día supe lo que era el miedo de verdad.

Todo ello fue mi escuela de experiencia. El antes y el después. Había crecido como policía y, supongo que también, como persona. La psicología ya era parte de mi trabajo como investigador. Había comenzado a formar a otros compañeros en estas cuestiones de la conducta criminal, sobre todo las que tenían que ver con la investigación de casos de violencia de género o de atención a las víctimas.

En mi mente se formaba poco a poco la seria idea de formalizar esa relación entre la ciencia que estudia el comportamiento humano y el trabajo de campo de un investigador policial, de tal manera que se pudiera transmitir y protocolarizar, aunque a este propósito todavía le quedaba mucho trabajo por delante. Era solo el germen de algo que intuía y, como he sostenido siempre, hay que confiar en la intuición. Significa que has visto algo, aunque todavía no sepas qué.

### *Columnista de opinión*

En lo literario también se produjeron los primeros avances serios en términos de publicación. Envié un escrito al *Diario de Las Palmas* que pensé que encajaría en la sección de Cartas del Director. Para mi sorpresa fue publicado como columna de opinión en la página tres, nada menos. A partir de ahí, con relativa frecuencia, fueron publicando mis opiniones en una columna reservada. A cambio, recibía gratis el periódico en casa. Sí, conservo los ejemplares. También conservo el comentario de los periodistas de ese diario, perplejos porque un policía escribiera y, además, fuera publicado. Cosas de los prejuicios. El primer artículo se titulaba «Gestos cotidianos» y fue publicado en ese diario el día 18 de octubre de 1997. Decía así:

> Enciendo el televisor después de sentarme en mi confortable sillón. Ha sido un duro día de trabajo y es hora de descansar. Con el mando a distancia no tengo que moverme para ser testigo de lo que ocurre en todo el mundo, desde la puerta de mi casa hasta el más recóndito lugar del planeta.
>
> Me detengo en un reportaje en concreto. En él se informa del lanzamiento con éxito de un nuevo satélite de comunicaciones que me permitirá ver aún más canales, cada vez más interesantes, cada vez más entretenidos; en definitiva, cada vez más.
>
> Mi perrita se me acerca moviendo graciosamente su cola y le acaricio el lomo. En la tele veo a otro perro. Está asustado, nervioso, en medio de un paisaje desolador. Edificios en ruinas, vehículos calcinados, cadáveres. El perro está devorando uno de ellos. Miro a mi mascota; miro la imagen del televisor y pienso.
>
> Pienso que, cada vez que abro el grifo para beber un vaso de agua, veo a otras personas haciendo enormes colas bajo un sol demoledor para llenar cualquier balde o el recipiente que se pueda con el agua que suministra un polvoriento y desvencijado camión.
>
> Si el vaso es de leche, de esa que en el «super» elijo semi o desnatada, enriquecida con calcio o con vitaminas, pienso en la imagen de un niño famélico que gasta todas sus fuerzas succionando el pecho vacío de una mujer aún más famélica que se balancea semiinconsciente por el hambre que padece.
>
> Si pienso en el coche todoterreno que deseo comprarme para ir de excursión con los míos los fines de semana, veo otro todoterreno, sin capota, sobre el cual han montado un cañón. El cañón es disparado y su obús habrá de caer en alguna parte.
>
> Pienso que el lapicero que sostengo entre mis dedos está ya medio gastado y lo tiro a la basura porque ya no me resulta tan cómodo escribir con él como con uno nuevo de los que tengo en mi escritorio. Veo entonces a un profesor de escuela enseñando lo que puede a un grupo de niños sentados en el suelo, bajo un techo que volará con la primera tormenta, garabateando en la tierra con unos palitos, y me marca la mirada comprometida del maestro.

Comienza una película. Es «del oeste». Los indios feroces tienen acorralada la caravana de humildes granaderos. Los «otros» indios están en cuclillas, vestidos con raídas camisetas de un grupo de rock, jugándose los tragos de mal whisky a ver quién es capaz de olvidar antes la historia de su pueblo, las raíces del color de su piel.

Muerdo una chocolatina para matar el gusanillo cuando las moscas oscurecen los ojillos de unos niños que con sus manos sucias extraen de una vieja olla puñados de arroz que se llevan a la boca. Junto a ellos, un adulto, comprometido con una organización, gubernamental o no, hace estadísticas sobre los que podrán sobrevivir.

El día de trabajo me produjo jaqueca, pero solo a unos metros de mi sofá, en otra de las muchas habitaciones de mi casa, hay un mueble lleno de medicamentos que calmarán mi malestar. Otros dolores seguirán doliendo en sucias habitaciones llenas de dolor y muerte por causas tontamente remediables.

No sé si comprarle a mi sobrino un enorme coche de juguete o instalarle en su jardín un bonito columpio. Otro niño apenas puede tirar de un carro lleno de unas pertenencias mal atadas donde la más valiosa es una garrafa vacía que se podrá llenar si hay oportunidad. Junto a él, su madre y sus hermanos. El abuelo quedó en la cuneta. Él no ganará dinero. Quien sí lo ganará será aquel otro niño que con un mazo que pesa tanto como él va gastando su vida golpeando las rocas para hacerlas cada vez más chiquitas y acarrearlas hasta otra sección de la cantera.

Me sobresalta entonces un gran ruido, pero no fue más que la corriente que cerró con estrépito una puerta. Mientras, otra familia se acurruca en un hoyo mal excavado, temblando por las explosiones que llenan de pesadillas sus vigilias y sus sueños, como si se pudiera dormir en medio de una guerra.

A unos pocos kilómetros de allí, un niño con mocos en la nariz no se limpia con su sucio trapo. En sus manos, un potente fusil de asalto esta reluciente para matar. Los niños de mi barrio se aburren porque no saben con qué juguete entretenerse.

En cualquier caso, mi niña estrenará un vestido nuevo, estampado con divertidos dibujos de colores. En otro lugar, otra niña de su misma edad apenas lleva puesto lo suficiente para entusiasmar la lascivia de un adulto que pagará a otro tan desalmado como él por corromper su carne y su alma infantil.

¡Cielos! Miro al cielo y el cielo es el mismo cielo para todos. Es el cielo que recorre el satélite que da vueltas alrededor del mundo. Mi mundo.

A pesar de las lágrimas, en unos minutos me iré a dormir. Mañana he de trabajar. Al fin y al cabo, la hipoteca de mi chalé me aprieta cada mes y cada miércoles querré ir al cine a ver el último estreno.

Llegué a elaborar un texto por cada uno de los artículos de la Declaración Universal de los Derechos Humanos, atendiendo a un ejemplo que los ilustrara en cada ocasión. No pudo terminarse la serie creo que porque el director de aquel periódico, el *Diario de Las Palmas,* dejó este para marcharse a dirigir *La Opinión de Málaga,* desde donde siguió publicando mis colaboraciones hasta que, como dejaron de publicarse, pregunté. Tristemente, me informaron de que el director había fallecido por un infarto y quien le sucedió en el puesto no apreciaba mis contribuciones. Así que hasta allí llegué con mis columnas de opinión. Recuerdo a este hombre con cariño. Era un profesional de gran talla, una persona accesible y comprometida con su trabajo.

El ciclo canario tocaba a su fin. Regalé enseres y muebles a los compañeros que allí vivían. Con lo que quedaba llené el coche, un Citroën ZX, hasta arriba. Tanto que me costó cerrar las puertas del coche. Pero lo logré. Embarqué el vehículo en un ferry y encargué a otro compañero que me lo recogiera en Sevilla. Yo esperaría los días que tardaría en llegar el barco a destino y me fui en avión. Abracé a mi compañero, nos tomamos unas cañas, nos contamos nuestras respectivas prácticas y tomé el camino hacia Madrid.

Atrás quedaron las excursiones por la isla de Gran Canaria, un continente en pequeño; el descubrimiento de sus quesos; de la inigualable, digan lo que digan otros, playa de las Canteras, donde, como la economía apretaba, dábamos paseos arriba y abajo compartiendo un helado; en la que nos hicimos amigos del hamaquero que hablaba siete idiomas o nos asombrábamos con aquella mujer que recorría toda la playa dando patadas a dos pelotas de baloncesto; una isla donde los conductores de guagua no arrancaban hasta que todos los pasajeros estaban sentados; donde el sol nos regaló su vitalidad cada día del año. Fue todo un privilegio vivir allí. Sin embargo, las circunstancias y la familia estaban en Madrid y decidimos volver.

Y todo esto en apenas tres años. Es seguro que muchas cosas, casos, anécdotas y recuerdos se quedan en el tintero. Es imposible incluirlo todo, entre otras cosas, porque lo más asombroso estaba por llegar.

Parecía que lo que uno de mis profesores le dijo a uno de mis más entrañables compañeros, refiriéndose a mí, después de una práctica de seguimientos por las calles de Ávila, tenía algún viso de convertirse en realidad. Le dijo: «Aquí hay madera». Con el profesor también coincidí tiempo después en el Complejo Policial de Canillas y seguía mostrando aquella sonrisa irónica que le arrugaba los ojillos, aunque, puestos a pensar, a pesar de ser tantos miles de policías como somos, entre cambios de destino, ascensos y eventos de formación era complicado no coincidir con muchos de ellos.

## CAPÍTULO 4

# EL GUSTO POR LAS AULAS

Estando en Las Palmas, en uno de los cursos de formación en los que participé, conocí a un inspector jefe, psicólogo de la División de Formación. Ir destinado a las Islas Canarias implicaba una servidumbre de tiempo mayor que en otros destinos. La mayoría de los que vamos destinados a las islas afortunadas regresamos a la península, aunque algunos arraigan allí. Varios de mis compañeros de entonces formaron su familia y su proyecto profesional en el que fue su primer destino. Yo solicité ir a una de las localidades madrileñas, en concreto a Fuenlabrada, al sur de Madrid. El compañero de la División de Formación se enteró de que estaba más cerca y me ofreció formar parte de su equipo. Acepté. Cambié las calles por las aulas. Fui destinado como profesor titular de centro docente al Centro de Actualización y Especialización (CAE). En este Centro comenzó lo que podría denominar «expansión» de mis oportunidades como psicólogo en la institución policial. Durante los tres años y medio que estuve destinado en este Centro me dediqué, sobre todo, a dos funciones: a coordinar cursos de formación del área de nuestra especialidad y a dar esa formación a compañeros y compañeras en cuestiones del ámbito de la psicología.

### *Especialista en especialidades*

Se resume en una frase, especialista en especialidades; sin embargo, supuso para mí la adaptación de mis conocimientos y experiencia a la gran mayoría de las especialidades profesionales. Llevé, o lo traté al menos, la psicología aplicada a la función policial a los Grupos Especiales de Operaciones (GEO), a los técnicos en desactivación de explosivos (TEDAX), a las Unidades de Intervención Policial (UIP), a los investigadores de homicidios, agresiones sexuales, menores, a los aspirantes a piloto de helicópteros, a Seguridad Ciudadana, a Subsuelo, etc. Pocas especialidades quedaron fuera, con lo que adquirí una formación única y, a la vez, diversa. Control de estrés, técnicas de interrogatorio, asistencia a víctimas, análisis y control de conductas violentas, captación y manejo de fuentes humanas, una multitud de temas, todos psicológicos, adaptados a cada función policial. Un tesoro de conocimientos.

Gracias a ello, obtuve una visión tan amplia de las posibilidades prácticas de la psicología en la labor policial sin la cual seguramente no habría alcanzado años después los hitos de los que tan orgulloso me siento. Además, tuve la fortuna de acumular experiencia como formador a profesionales no solo de distintas especialidades, sino de todo el país y del extranjero, conociendo así la diversidad de situaciones y contextos a los que aplicar lo que, entre todos, íbamos creando.

Guardo especial cariño a todo el alumnado, pero el más dispuesto a aprovechar cada minuto de formación era el del GEO, en sus dependencias de Guadalajara, sin menospreciar a los demás, por supuesto. Bastaba con que en clase pensara yo en voz alta, porque improvisaba mucho, que «necesitaría...» y ya había levantados tres o cuatro alumnos para ir a por lo que pidiera.

Participé en la formación de los aspirantes y también en la de los veteranos de este grupo tan emblemático, con quienes trabajaba aspectos concretos de su labor altamente especializada. Por ejemplo, con los tiradores de arma larga, profundizábamos en técnicas de control de la respiración incluso en la posición de disparo, ya fuera sentada o tumbada, en clase, en el gimnasio o en la azotea. Experimentábamos, aprendíamos y mejorábamos.

También preparábamos actuaciones operativas en función del perfil del criminal al que se enfrentaban. Recuerdo un supuesto en el que diferenciábamos entre criminal de delincuencia organizada, miembro de ETA y terrorista yihadista. Por sus características, una misma intervención, como podría ser la entrada en un domicilio en el que estuvieran localizados, debía ser diferente. Eso trabajábamos. No entraré en los detalles de cada una, por ser operatividad policial muy específica, aunque es de sobra conocido que, por ejemplo, los miembros de ETA se rendían al verse acorralados, mientras que los yihadistas no solo no se rinden, sino que se inmolan matando a tantos policías como pueden. Esta característica condiciona la operatividad policial. Sí puedo decir que, tristemente, una de nuestras prácticas fue llevada a la realidad en el asalto al piso de Leganés, en abril de 2004, en el que estaban acorralados varios islamistas, pero no pudo ejecutarse como habíamos entrenado.

Habíamos preparado específicamente una situación de este tipo. El análisis nos decía que no se dejarían capturar vivos, por lo que toda actuación debería tener en cuenta que sería imposible hacer detenidos. Al mismo tiempo, ellos tratarían de hacer el mayor daño posible, aunque murieran en el intento. Se había diseñado una actuación policial teniendo esto en cuenta, pero hubo otras circunstancias que condicionaron la operativa.

Un GEO murió en la explosión que destruyó por completo el piso. Fue la primera víctima mortal en acto de servicio del GEO. Estuve varios días inquieto tratando de contactar con alguno de sus compañeros y que me explicara que pasó realmente. Varios días después logré hablar con uno de ellos. Reconoció que intentaron poner en práctica lo que habíamos planeado, que lo tenían muy claro porque la situación no podía ser más evidente. Sin embargo, la decisión sobre qué objetivos conseguir no encajaba con lo entrenado, y tuvieron que adaptarse a estos. El resultado fue una tragedia. Esa fue una de mis más grandes frustraciones profesionales. Mi más sentido homenaje al compañero caído y a todos los que lloraron su muerte.

### *Los primeros compañeros caídos en acto de servicio*

En las ceremonias oficiales a las que he tenido la oportunidad de asistir, y han sido unas cuantas, la banda de la Policía suele tocar una pieza musical realmente emotiva. Mientras suenan las campanas tubulares, mi recuerdo recorre uno a uno los compañeros que han dejado de estar con nosotros y yo conocí o traté. La lista, año tras año, ha ido siendo un poco más larga. Es algo inherente a envejecer.

El primero de todos ellos fue un compañero de promoción y de primer destino, en Canarias. Vivimos los dos matrimonios, pues los dos estábamos casados, nuestros primeros días en una residencia militar en Las Palmas de Gran Canaria mientras encontrábamos un piso que alquilar. Lo que encontramos nos convirtió también en vecinos. Pero él no quiso esperar a marcharse cuando acabara nuestra servidumbre de dos años y tuviera opción de cambiar de destino y logró ser aceptado en el curso de piloto de helicópteros. Pudo, así, marcharse antes de cumplir el tiempo previsto, a Sevilla, donde quería estar. Su vida quedó truncada, junto con dos compañeros más, en Getafe, en el año 2002, en el primer accidente mortal de la Unidad de Helicópteros. Fue la primera pérdida de un compañero cercano, el primer dolor.

Luego llegaron otros, unos caídos en acto de servicio, otros por accidentes o enfermedades, otros, realmente tristes, por suicidio. Escribir estas líneas es doloroso porque veo sus caras, generalmente sonrientes, compartiendo situaciones de todo tipo. Ya no están entre nosotros. Su recuerdo pervive. Las campanas tubulares suenan en mi mente y les rindo homenaje.

### *Certificados y más certificados*

Comencé a acumular certificados como docente y como asistente. Hoy son una columna bien alta si los coloco unos encima de otros. Algunos quedaron en la memoria por alguna circunstancia que los significaba. Por ejemplo, el Curso de Análisis de Cadáveres en Condiciones Extremas, cuyo título anticipa un contenido espeluznante. Su principal recuerdo es haber coincidido con compañeros y compañeras que, de un modo u otro, fueron relevantes en mi camino posterior.

O como aquel en el que los asistentes eran policías latinoamericanos, uno de los cuales, procedente de la República Dominicana, me enseñó el boceto de su escudo para la Policía Comunitaria, departamento que pensaban implantar. Le hice una observación sobre el dibujo, en el que un policía enseñaba un libro a una familia. Le sugerí que expresaría mejor esa proximidad si hubiera contacto físico, una mano en un hombro, por ejemplo. Poco después, en la reedición del curso, un asistente me enseñó el escudo definitivo. Dijo, sin saber que era yo, que un inspector español les había sugerido una modificación. Este era el escudo. Me sentí muy orgulloso.

Escudo de la Policía Comunitaria de la República Dominicana.

Estas y otras muchas cosas me sucedieron relacionadas con la formación en el ámbito nacional mientras estuve destinado en el CAE, pero también supuso mi «expansión» internacional, con unas vivencias difíciles de olvidar. Y, como no, también el azar tuvo su participación.

El primer evento fue en Bolivia, en Santa Cruz, en abril del año 2000, donde, junto con un veterano magnífico, tratamos de exponer a mandos policiales de toda Latinoamérica el modelo policial que entonces se había puesto en marcha en España gracias a su director, el señor Cotino: la Policía de Proximidad.

*Estado de excepción*

Fue mi primer contacto con América. Y no estuvo exento de problemas. El día que llegamos, la Presidencia del país acababa de decretar el Estado de excepción, debido a las revueltas ciudadanas motivadas por un ascenso brutal de los precios de los productos básicos. Mi primera imagen del país, según salíamos escoltados en dos vehículos del aeropuerto, fue ver cómo camiones militares iban soltando soldados fuertemente armados que se apostaban en puntos estratégicos de las calles.

Los hechos adquirieron cada vez más gravedad. Hubo manifestaciones violentas, muertos entre los asistentes, también entre los militares. Se emplearon francotiradores contra la multitud, la escalada de violencia trascendió al país y se hizo eco en los medios de comunicación de todo el mundo. Es decir, en casa estaban muy preocupados por nosotros.

Sin embargo, pudimos llevar a cabo el evento sin mayores problemas. No solo eso, sino que incluso tuvimos oportunidad de acudir a un partido de la Copa América de fútbol con los integrantes del curso, gracias a nuestros anfitriones bolivianos. Del mismo modo, nos invitaron a una barbacoa en una finca. Comimos alimentos típicos. Entre ellos algo que me sorprendió. La carne era de armadillo, ese simpático animal que se enrolla en su caparazón para evitar los peligros. Los perdigones, alguno que apareció en mi boca al masticar, no pudo evitarlos.

La comida era amenizada por una pequeña banda de policías, cosa que no me gustó lo más mínimo. Mientras los oficiales y demás asistentes al curso disfrutábamos de la alegría de comer y beber, aquellos profesionales tocaban. Solo después de comer nosotros, se les permitió a ellos y les recuerdo allí, en un corrillo, junto a sus instrumentos, dando cuenta de lo que nosotros no fuimos capaces de comernos. Me sentí muy incómodo.

Aquellos días gané la amistad de dos compañeros, uruguayo uno y brasileño el otro. Mi querido uruguayo nos dejó pocos años después por un infarto mientras jugaba un partido de fútbol y con el brasileño sigo en contacto, ahora que está retirado y feliz, criando reses y caballos en una granja. Con el uruguayo llegué a entablar una cariñosa amistad. Guardo el epistolario que nos intercambiamos. Quería ser mi agente editorial en Latinoamérica porque había leído el manuscrito de la que después fue mi primera novela publicada, *El silencio entre las palabras*. Cada vez que obtengo un logro literario, me acuerdo mucho de él.

Descubrí, como curiosidad, los «Transformers», vehículos taxi construidos para ser conducidos por la derecha, pero que eran adaptados a la circulación por la izquierda, llevando el volante y los pedales a ese lado de una manera muy rudimentaria y artesanal. Era desconcertante ir montado en ellos, porque todos los indicadores estaban en el lado derecho, pero el conductor, conducía con su brazo apoyado en la ventanilla del lado izquierdo. Tengo pruebas.

Pero hablaba del azar.

Taxi *transformer* en Bolivia.

*Por Europa del Este como representante de la Comisión Europea*

Por aquellos años, varios países del este de Europa se esforzaban por integrarse en la Unión Europea. La Comisión Europea creó los programas de hermanamiento denominados *Twinning*, según los cuales, los países europeos, entre ellos España, competían entre sí para formar a los países candidatos en las áreas que debían completar estos para cumplir con los requisitos exigidos. Uno de esos requisitos abordaba el área Derechos Humanos y Ética Policial. España ganó varios programas de esta área en países como Eslovaquia, Rumania, Bulgaria, Turquía y Lituania, países a los que tuve que acudir varias veces.

El compañero que debía ocuparse de estos cursos de formación y examen (digo examen porque la acción no era solo formar en estos temas, sino examinar las condiciones del país receptor para cumplir con lo exigido, de lo que había que elaborar informes muy complejos en nombre de la Comisión de la Unión Europea y cuyas conclusiones condicionaban la decisión final), no recuerdo por qué, no pudo ocuparse y, en su lugar, me lo ofrecieron a mí. Y, claro, dije que sí.

Me acompañaría un compañero de la División de Formación, entonces oficial de policía, sociólogo, de los que fumaban en pipa, y que se convirtió en un entrañable amigo y compañero de andanzas europeas.

Hicimos muchos viajes a esos países. La formación no era fácil. Salían de la sociedad establecida por el telón de acero, la caída de la URSS, la sustitución del régimen comunista por otro régimen para el que parecían no estar adaptados ni económica ni socialmente. Muchos habían sido algo así como Estados policiales y ahora, esa misma Policía, con sus mismos integrantes en tanto llegaran nuevas promociones, debía representar y actuar dentro del marco democrático. No, no fue nada fácil.

Para colmo, un requisito esencial era tener por escrito, y firmado por los respectivos Parlamentos, un código ético policial, del que carecían, por lo que, además de la formación, además del examen de las condiciones previas, actuales y futuras, había que negociar con sus cúpulas policiales y políticas la redacción de un código de este tipo.

Quizá, no se estima del todo la complejidad de este requisito, pero hablamos de países en algunos de los cuales ni siquiera se podía mencionar, mucho menos poner por escrito, palabras como «minorías étnicas» o donde el respeto de los derechos de las personas detenidas podía ser cuestionable.

Cómo no acordarme de aquel mando policial, búlgaro, un tipo de barba tan grande como enorme era su barriga, que durante toda la formación estuvo callado, con los brazos cruzados y cara de perro, y, en un momento dado, levantó la mano. Le dimos la palabra para escuchar de su boca:

—Lo mejor que se puede hacer con… (omito el nombre de la minoría étnica a la que se refirió, por respeto a esta) es matarlos a todos y hacer jabón.

Cerró después la boca, volvió a cruzarse de brazos y dejó la sala silenciosa y a nosotros dos atónitos.

No recuerdo cuál fue nuestra reacción en concreto, pero sí sé que comentarios como ese iban a parar al informe preceptivo. De hecho, me constan varios, digamos, «suspensos» de la Comisión Europea a estos países por seguir sin cumplir los requisitos del respeto a los derechos humanos, lo que retrasó su entrada en la Unión.

Tampoco puedo olvidar la mañana en la que a la puerta del hotel no nos recogió nuestro conductor habitual. Esto fue en Rumania. En su lugar, nos esperaban dos todoterrenos negros, custodiados y conducidos por individuos de gran envergadura y ceño fruncido, rapados y trajeados que, amablemente, nos invitaron a subir a uno de los vehículos de cristales tintados. Cruzamos calles y calles hasta llegar a un enorme edificio oficial. Atravesamos salas, puertas y más salas y puertas acompañados por tal escolta. Nos mirábamos confundidos, con evidente aprehensión, para terminar sentados ante la mesa de un despacho oficial de categoría, frente a un señor que se identificó como el ministro del Interior (lo era), que nos «invitó» a tomar café y a trabajar con él, allí mismo, hasta que saliéramos con un borrador consensuado del código ético policial, porque el plazo acababa al día siguiente y todavía no se habían puesto los políticos de acuerdo en el texto.

En Sofía vivimos los atentados del 11 de septiembre en Estados Unidos, y sentimos en propia piel la ansiedad exacerbada por la seguridad paranoica de los aeropuertos desde entonces. Creo que fue también allí, en Bulgaria, cuando un domingo apareció en la prensa una noticia en la que se informaba del asalto grave a dos españoles, que acabaron hospitalizados, y cuyas iniciales coincidían exactamente con las nuestras. Y ambos tenemos nombres compuestos. Toda la delegación española y sus asistentes nos buscaron desesperadamente, mientras nosotros estábamos de paseo. Entonces no teníamos teléfonos móviles. Ellos respiraron aliviados al vernos sanos y salvos y nosotros felices en la ignorancia. ¿Qué decía del azar?

Más duro fue trabajar en Turquía, en Ankara. Estamos en 2023 y este país sigue sin cumplir con los requisitos que establece la Unión, imaginaos hace veinte años. Fueron sesiones muy duras en las que, al menos, encontrábamos esperanza en las jóvenes generaciones de policías, con una visión moderna y democrática, pero que debían luchar contra estructuras ancladas en formas de pensar y actuar que nos resultan inaceptables en muchos casos.

Trabajar así suponía saber que nuestros intérpretes eran amenazados para no traducir todo lo que allí se hablaba y que, sabedores de la importancia de nuestra misión, seguían adelante con valentía, conocedores de lo que sus países se jugaban. Vaya mi emocionado abrazo para todas ellas, porque la mayoría eran mujeres de gran coraje, con gran cultura y amplitud de miras. Con ellas, además, conocimos la realidad de la vida diaria, con sus dificultades económicas y sociales.

### *El viejo marinero de la sala de máquinas*

Pero también hubo experiencias maravillosas, como conocer a Stefan, el viejo marinero de la sala de máquinas, que en la humildad de su chabola nos ofreció lo poco que tenía, sus pepinillos y su *raquía*. Comimos y bebimos, aunque no entendiéramos su idioma y nuestro intérprete, un cubano, acabó cansado de traducir porque él estaba para el trabajo, no para el ocio. Nos dio igual. El colmo fue que este hombre estuvo horas esperando sobre la nieve, porque precisamente el intérprete se dejó su teléfono (él sí tenía uno) en la casa de Stefan, durante todo el tiempo que nos llevó la visita al Monasterio de Rila, otra enorme maravilla. Es más, al verle esperar apostado al borde del camino, sobre la nieve, forrado de prendas de abrigo, nos empeñamos en llevarle a su casa, donde nos presentó a su mujer, que nos invitó a cenar y, sí, también a beber más *raquía* casera. Escribí un relato sobre Stefan y fue galardonado en un certamen literario, no recuerdo cuál. Lo añado a continuación como modo de compartir el impacto que causó en mí su humanidad tan clara y pura.

Antes del relato, os cuento una pequeña anécdota con el intérprete cubano. Estábamos esperando en la calle los dos compañeros, en la puerta del hotel, a que llegara. No le conocíamos ni él a nosotros. De pronto, se me acerca un individuo.

—¿Son ustedes la gente de L (con esta inicial me refiero al apellido de nuestro representante policial en Bulgaria)? —me susurró.

—Sí, ¿ha traído las armas? —correspondí a su susurro con otro.

Su forma de acercarse a mí más me pareció algo clandestino que un encuentro organizado.

—¿Cómo? —preguntó sorprendido, como si no hubiera escuchado bien.

—Nada, nada. Sí, somos nosotros —le aclaré a un volumen normal.

Cosas mías. Por eso acabó cayendo mal a mucha gente. No me pillan las gracias. Será porque no tengo ninguna. Ahora sí, vamos con el relato.

***Relato: La verdad de Stefan***

Ahora que su presencia es memoria, puedo mirar y ver lo que pasó con la serenidad que da el tiempo reflexivo, aunque haya perdido el sabor dulce del sentimiento de entonces. Recuerdo que, cuando me alejaba de su sonrisa mellada, a pesar de los inciertos pasos que daba Stefan al frente, como si quisiera postergar la despedida, sobre aquel fondo intacto de nieve, y justo antes de que las lágrimas quisieran acudir a mis ojos y a los de Manuel, y no acudieron porque las guardamos con tozudez y orgullo estúpido de hombre ante otros hombres, creí que el simple hecho de haber conocido a Stefan cambiaría mi vida de un modo tal que ninguna trivialidad humana podría afectarme jamás.

Sin embargo, ahora que el poso de verdad de aquel marinero se ha depositado en mis horas tranquilas e intranquilas, dudo que realmente vaya a ser así. Creo que solamente recordaré mis propias palabras describiendo su boca sin dientes, el ardiente sabor de su *raquía*[1] casera, el caserón del siglo XIV que custodiaba, con aquellos deslucidos decorados cinematográficos que nadie quiso retirar, o recordaré un país, Bulgaria, que ha compensado su dura historia con el orgullo de los luchadores.

Sólo su nombre escrito, Stefan, habrá de perdurar junto a unos sentimientos, repetidos hasta el agotamiento porque quiero grabarlos al rojo en la memoria y en la voluntad, como si tuviese miedo de perder un tesoro recién encontrado que me puede convertir en mejor persona.

[1] La *raquía* es un aguardiente casero que elaboran los campesinos búlgaros a partir de frutas.

El hombre, Stefan, se convertirá en una anécdota a pesar de que busque en él, aunque no lo fuese en realidad, la razón de un viaje al que el azar me invitó, sin derecho a renuncia, para ver las manos gastadas y la mirada azul de aquel que ya no espera nada de la vida salvo días tranquilos y un amigo, ocasional o fiel, con el que compartir una botella de su licor casero. ¿Habrá, pues, un camino antes de Stefan y un camino después de Stefan? No lo sé.

La historia de Bulgaria nos la relató un guía cubano, del que no recuerdo el nombre, a Manuel y a mí, en aquel fin de semana entre seminario y seminario que impartíamos sobre ética y derechos humanos. Lo hizo el cubano como si se tratara de un cuento a dos turistas españoles a través de las miradas que cruzábamos en un espejo retrovisor, y que buscaba en nosotros curiosidad o aburrimiento. Lo que él no sabía era el regalo que nos iba a hacer. Es más, creo que ni se enteró de lo que hizo.

Gratificó nuestra curiosidad y los honorarios recibidos con una parada en el camino, teóricamente fuera del itinerario previsto. Disimuló pésimamente la improvisación de aquel acto por él calculado. Detuvo el diminuto coche sobre la nieve al borde de la carretera junto al murmullo helado de un riachuelo invisible y frente a un muro de piedras de río.

Mientras nos explicaba la ancianidad de la construcción y nos resumía el argumento de una película rodada en ella, sobre venganzas sin pasión y pasiones de amor y muerte, caminábamos sobre mantos blancos.

Admiramos el infierno y el cielo dibujados en paredes hacía ochocientos años; pisamos porches que vigilaban los reclamos de una mula encerrada; rodeamos un horno de pan que ya olvidó los olores de la labor recién hecha y que conversaba en confianza recuerdos de harinas amasadas y horneadas con la pala desvencijada que tantas veces había hurgado en sus entrañas. Junto a una ventana desquiciada, un altivo atril sostenía el polvo para que lo leyéramos y yo lo leí.

Anacrónico era el viejo colchón, cobijo de pulgas invernadas, tirado bajo el dintel de una puerta y que algún sentido habría de tener en su postura natural, aunque su despropósito era el mismo que el del cartón piedra que rellenaba paredes, tejados y voladizos, completando un escenario que debía parecer real, aunque no lo fuera, antes de ser perpetuado en celuloides de engaño. Allí se rodó *El cuerno de cabra*, tragedia en blanco y negro en un paisaje sin negro. Ese era el regalo del guía, el orgullo fílmico de Bulgaria, un país herido por varios siglos de dominación turca.

Recorridas sus estancias y elucubrados negocios sin duda prósperos para las mismas, pues es paso obligado para los turistas hacia el Monasterio de Rila, el guarda, anfitrión en funciones, nos ofreció la hospitalidad de su humilde morada, adecentada con prisa mientras el guía nos obsequiaba con sus conocimientos sobre el lugar. Se disculpó el guardián del caserón por la ausencia de orden femenino, pero en invierno su mujer no subía hasta allí y dejaba para la primavera el cuidado de gallinas y el mimo de un primoroso jardín, ahora dormido bajo sábanas heladas.

En una habitación de poco más de cuatro metros cuadrados, Stefan, el guarda, tenía al alcance de sus ojos y de sus manos todo lo necesario. Las patatas, guardadas bajo una manta para que no se enfriaran demasiado, la cama, o más bien el catre, con todos sus altibajos y el perfil acostumbrado de su propietario, tres sillas de madera de respaldo curvo, una cocina de leña con chimenea sin capucha que ejercía también de estufa y una mesa tan sencilla como la más sencilla de las mesas.

En un rincón dormía una repisa y sobre ella una botella de cristal marrón jugaba a los malabares con una vela, toda la luz necesitada en las noches. Sobre un plato que dormitaba sobre la mesa pegada a la pared, entre el catre y la cocina, bajo una ventana asombrada por el espectacular bosque blanco, unos pimientos de un rojo sangriento parecían tomates con la boina calada que charlaban sobre cotilleos de huerto. Y junto al plato, un pequeño transistor recordaba a Stefan que en el mundo convivían con él otros seres humanos y que, en aquellos momentos, retransmitía la investidura de un nuevo presidente de la nación.

La solemnidad del evento radiado se me antojó ilusa. La verdadera solemnidad estaba al otro lado de los cristales de la ventana, en el deslizarse pausado de los copos de nieve, en el respetuoso baile del agua sobre las piedras pulidas, en las caricias de la niebla a la corteza de los árboles, en la tenue luz de un mundo blanco que se refleja a sí mismo en su vida adormecida y de una belleza incomparable.

La verdadera solemnidad nos la entregó Stefan, el guarda, con la generosidad sin intenciones perversas de una voz que pronunciaba palabras de las que no importaba su significado porque no necesitaba explicar nada.

Stefan poseía poco y nos lo entregó todo, como Odiseo el anfitrión. Sus pimientos, sembrados, alimentados y recogidos con sus manos. Jamás habíamos comido pimientos más sabrosos que aquellos. Su *raquía*, destilada por él mismo con su sabiduría tradicional, en sus dos variedades, de ciruela y de uva, que nos servía en vasitos de plástico rojo.

La verdadera solemnidad estaba en sus gestos, como cuando, después de servirnos su aguardiente de no menos de 50 grados de alcohol, nos pedía permiso para servirse él, o como cuando brindaba por nuestra salud después de cada frase traducida.

Su solemnidad era verdadera porque Stefan era verdadero. El anfitrión pobre que se convierte en rico al ser anfitrión. El hombre de sesenta y siete años fuerte como mil hombres la mitad más jóvenes que él. El hombre de la mirada azul, limpia, que jamás hizo daño a nadie porque en aquellos ojos no tenía cabida la maldad.

Marinero de guerra, alimentó con su esfuerzo las máquinas que surcaron los mares hasta hender todas sus olas; marinero en un huerto muy lejos de las gaviotas, que nos sirvió la mitad de su licor y la otra mitad nos la regaló en botellitas de plástico. Además, nos comimos todos sus pimientos para deleite suyo.

A cada sorbo, a cada bocado nos mostraba un poquito más su alma transparente y a su través nos veíamos a nosotros mismos, mucho más indignos, mucho más mundanos. Le faltaban todos los dientes superiores menos dos incisivos que ya perdieron su insolencia; su cuello arrugado era inmenso pero menos que su cariño a dos extranjeros a los que no conocía y con los que brindó una y otra vez.

El guía cubano se cansaba de escucharnos y miraba el reloj fastidiado y ansioso por cumplir el horario previsto y volver a su casa. No entendía la comunión que allí se producía entre hombres que se reconocen como tales y que hacen de ese encuentro un regalo de los dioses. Nosotros habríamos perdonado el resto de la excursión, aunque nos perdiéramos millones de monasterios, con todas sus reliquias y campanarios y celdas y oraciones y pasadizos y velas y tumbas y frontispicios y museos y frescos y joyas y tradiciones y osamentas y libros sagrados y susurros y sacrificios y religiosidades.

Habríamos seguido bebiendo *raquía* con Stefan aunque no habláramos, que no nos hacía falta, empapándonos de él, aprendiendo de él, extrayendo de él toda su verdad, toda la Verdad que, como él mismo nos dijo, nace del pueblo y al pueblo se le puede engañar pero no por mucho tiempo.

Yo, por mi parte, no supe qué hora era ni la hora que fue antes de Stefan. Tampoco me importó. Finalmente, tanto insistió el guía que Stefan se calzó sus zapatos, que le esperaban al otro lado de la puerta, sobre sus fundas de lana que calentaban los calcetines también de lana y que envolvían sus pies y nos acompañó hasta la puerta de los muros. Le di la mano. Después, le abracé. Mi compañero le dio la mano. Después, le abrazó. Pisamos pura nieve recién caída y despidiéndonos, una y otra vez, de Stefan, no nos quedó más remedio que montarnos en el coche.

El guía arrancó y el ser más humano de la Tierra nos dejó su sonrisa y su mano alzada grabada en el cristal trasero de un despreciable cacharro con ruedas que nos sacaba a rastras de allí, aunque nos aferráramos con desesperación a un «adiós, Stefan» que pronunciábamos sin pronunciar mirando por la luneta trasera del coche.

Nos miramos Manuel y yo. Sabíamos que ya éramos distintos, que algo había cambiado en nuestro interior, algo indefinible y a la vez grandioso. Él quería llorar. Yo también. Porque éramos más grandes, más verdaderos, más humanos después de que Stefan se regalara a sí mismo y se metiera en nuestros corazones. Nos dolía tanto la partida que nos hundimos en íntimos suspiros.

Manuel no sabía expresar lo que sentía. Yo tampoco, pero, según nos alejaba cada curva de aquella humilde habitación, sentí que los árboles me mesaban con ternura los cabellos con sus dedos de espuma y las ramas me abrazaban con sus puños de encaje y sus troncos vestidos con camisones se inclinaban a mi paso formando un túnel blanco, hermosamente blanco, por el que me deslizaba enmudecido para que nada se perdiera de aquel sentimiento más allá de las montañas y no pudiera esconderse entre la niebla, sino que se quedara allí, entre mis ropas, en mis manos, dentro del coche, entre mi cuerpo y el de Manuel sentado a mi derecha, dentro de mí y alrededor mío, pero no muy lejos, al ladito mismo.

El Monasterio de Rila nos recibió mudo y las explicaciones del guía nos mostraron una obra bella, pero ni la arquitectura que nos describía, ni los nombres cuya historia desmenuzaba surtían efecto en nuestra curiosidad repleta.

Sólo el recuerdo del padre fallecido recientemente de Manuel pudo conmovernos, a él en su dolor; a mí, en el suyo, al recogernos en la intimidad del templo y pudo hacerlo porque aún no estábamos satisfechos de conmoción.

Y es que debió de ser tal el impacto que causó en nosotros aquel marinero de calderas que la vida o el destino o Dios o el azar o lo que quiera que rija los acontecimientos cósmicos nos regaló un trozo más de Stefan.

Deshaciendo el camino nos encontramos de nuevo con él. Nos esperaba sobre la nieve, a no menos de diez grados bajo cero, desde hacía más de una hora, porque el guía había olvidado su teléfono móvil junto al pequeño transistor sobre su mesa. El guía cubano se ofreció para acercarle a casa porque nos quedaba de camino y nosotros tan contentos. Un asiento del coche fue para él, el delantero, y, así, andaba tan pesado el diminuto vehículo, con sus cuatro ocupantes y nuestras dos enormes sonrisas, que la nieve levantaba nuestros pies de los bajos.

No hubo modo, ni nosotros quisimos que fuera de otro, de rechazar la invitación de Stefan para que entráramos en su casa, en el cercano pueblo. Liliana se llamaba su mujer y, al igual que hiciera su marido, puso sobre la mesa todo lo que tenía. Un frasco entero de pepinos que no repetían por muchos que comieras y todos los crepes de puerro que había preparado para su esposo, en aquel salón-comedor-cocina-dormitorio que era su humilde hogar.

La mujer rio con la más sana de sus sonrisas cuando alabábamos la fortuna de su marido al tenerla como esposa y el hombre siguió pidiéndonos permiso para servirse más *raquía* en su vaso después de llenar los nuestros.

Fuera, ladraba Jessie, un perro canijo, a los extraños desde su caja-caseta junto a la leña escrupulosamente ordenada y al lado de una moto de cincuenta años que esperaba a que llegara la primavera para que el marinero de la sala de máquinas destrabara la segunda marcha, mientras la noche llegaba perezosamente a una tierra donde no llega a hacerse de noche del todo.

Liliana se apuró cuando nos despedimos de ella con dos besos después de pedirle permiso a Stefan y a él le abrazamos una vez más. El guía nos sacó de allí aún con más premura mientras Manuel y yo gritábamos con las manos y los ojos uno y mil «hasta pronto».

El pueblo quedó detrás al instante, dormido en la noche clara y aún más atrás Rila y su monasterio. El riachuelo siguió jugando con las piedras mientras infinitos copos blancos seguían tejiendo camisones para el bosque.

Hablamos poco durante el regreso. Teníamos tanto que decir que no sabíamos hacerlo. Sí, entonces creímos que nuestras vidas cambiarían con aquel encuentro, que ya no seríamos los mismos porque jamás habríamos de olvidar a un hombre que, de tan sencillo, sería inolvidable, inmenso. Quizá, sea verdad que soy diferente, no me atrevo a decir que mejor o peor.

Ha transcurrido muchos años desde entonces y aún le tengo muy presente, aunque solo sea porque, desde ese día, sueño con alcanzar a tener una mirada tan limpia y verdadera como la suya; con ser tan rico como lo es él y con vivir la vida como la ha vivido este viejo marinero que ahora cuida un huerto que no es suyo como si lo fuera. Sueño con aprender la verdad de Stefan, la verdad de un hombre de verdad.

### *Infinidad de recuerdos y anécdotas internacionales*

Me dejo muchas cosas más. Los mercadillos rumanos llenos de efectos de la época comunista y su vino caliente; la ópera en Lituania y su ausencia de luz natural en el mes de diciembre; las llamadas a casa a cobro revertido con el programa España Directo, desde una cabina frente al hotel vestido con dos pijamas, sí, dos, debajo de la ropa, para mitigar el frío que hacía; los casi veinte grados bajo cero en los que había que caminar con enorme riesgo de resbalar en el hielo, cosa que me sucedió varias veces; la plaza principal de Bratislava, presidida por una pantalla gigante en la que no paraban de emitir anuncios de vida lujosa a unos ciudadanos que apenas podían calentarse en invierno; las esperas en los aeropuertos, asustados por la amenaza terrorista; las intoxicaciones alimentarias, que de todo hubo.

A propósito de esto último, cené con dos compañeros en una pizzería y a la mañana siguiente me encontraba descompuesto. Quise ir al apartamento a acostarme, pero, como a todos los taxistas había que mencionarles el destino antes de montar, debían ver mi estado febril, además de extranjero, y no encontré ninguno que me llevara. Hice el trayecto andando, enfermo, y no era precisamente cerca. Todavía me pregunto cómo conseguí orientarme. La ciudad era Bucarest.

Los atentados del 11 de septiembre me pillaron en Sofía, Bulgaria, como mencioné antes. Caminaba por la calle con mi compañero. Buscábamos dónde cambiar moneda, cuando se nos acercó un individuo señalándonos su establecimiento y comentó algo de los ataques a Estados Unidos. Pensé que ya no sabían qué decir con tal de captar clientes. Entonces, en la trastienda de la pequeña oficina, vi en un minúsculo retrovisor las imágenes que todos tenemos grabadas en nuestra memoria, con los aviones estrellándose contra las torres. Llamé la atención de mi compañero y nos quedamos hipnotizados. De ahí nos fuimos a toda prisa al hotel, a intentar averiguar qué estaba pasando. Que este tipo de crisis te alcancen fuera de tu país no suele ser algo recomendable.

Sin embargo, este analista de conducta que escribe precisó de todas estas experiencias para poder ser el que llegó a ser. Sin todos estos eventos, sin todas estas personas conocidas, sin los problemas vividos y solucionados como se podía, sin el aprendizaje que todo ello supuso, seguramente, no habría sido capaz de atreverme a especializarme en lo que mi camino me puso por delante. Eso nunca lo sabremos, ¿verdad?

Y así hasta que un día llegué a casa de uno de estos viajes. Cuando fui a entrar, me quedé dudando de si era por la mañana o por la tarde. El cielo, además, aparecía nublado. Pensé, aturdido, si acaso había comido o no, para tener una referencia. Asumí que tantos viajes, calculé que uno de cada tres días, estaban cobrándose su factura en mi cuerpo y en mi mente. Fue entonces cuando supe que había que cambiar de destino.

### *Asesor psicólogo*

¿Recordáis que mencioné a un comisario psicólogo en mi entrevista de acceso a la oposición? En el año 2002 o el 2003, no recuerdo con exactitud y me da pereza confirmarlo en mi archivo, era el jefe del Centro de Promoción, sito en la plaza de Carabanchel, sin número, en Madrid. Fui a verle y le pregunté si tenía un sitio para mí. Ya habíamos tenido algún encuentro porque todo el tiempo que estuve en el CAE también participaba en los tribunales de oposición, como asesor psicólogo, otro campo en el que aprendí mucho y acumulé interesantes experiencias. Puede que cuente algunas. Pues sí, voy a contar una. Era un tribunal de acceso a la categoría de inspector. Compartí labor con un comisario. Yo, su asesor psicólogo. El comisario les daba la bienvenida a todos los aspirantes y les ponía un caso práctico, a saber. Les decía:

Ya es usted inspector o inspectora de policía. Un día le llega su mejor confidente y le ofrece un cargamento de cien kilos de cocaína si, a cambio, le da uno de los kilos. Así, tal cual, era el supuesto.

Uno tras otro los aspirantes se negaban a entregarle el kilo al confidente por el chivatazo. Unos se defendían con más vehemencia que otros, pero en general salvaban el trance. Hasta que llegó un aspirante que ya era policía, pero de la Escala Básica. Cuando se enfrentó al supuesto, comenzó diciendo que no le daría el kilo de droga, pero cuando se le hizo ver que podríamos perder un cargamento de cien kilos, él, como policía, consciente del valor de un servicio como ese, comenzó a dudar. Forcejearon dialécticamente unos instantes. Entonces, el aspirante, cuyas manos se retorcían y le hacían sudar copiosamente hasta el punto de dejar una mancha de sudor en la silla, dejó de emitir sonido, aunque sus labios mascullaban. El comisario y yo le mirábamos. Se fue poniendo más y más pálido. Dejó de retorcer manos, de mover los labios. Se quedó totalmente inmóvil. Su mirada se volvió vidriosa, tanto que sobrecogía ver sus ojos enfocados en la nada. No sé quién de los dos le preguntó si se encontraba bien. Por toda respuesta, el aspirante se desplomó de la silla hacia delante, sin fuerzas siquiera para protegerse con las manos del trompazo que se estaba dando.

Salí corriendo en busca de los sanitarios que, en esos momentos, realizaban los reconocimientos médicos. Volví con dos de ellos, con sus batas blancas ondeando como capas de súper héroes. Le atendieron. Se le sentó en la silla, se le dio un poco de agua.

—¿Qué le han hecho a este hombre —preguntó uno de ellos—, que le ha dado una lipotimia?

Supongo que nos encogeríamos de hombros liberándonos de la culpa.

Salió el policía aspirante a inspector del despacho entre los dos sanitarios con sus brazos sobre los hombros de los de blanco y medio arrastrando los pies. Cuántas veces he contado esta anécdota en mis clases, no solo para explicar los procesos relacionados con la carga cognitiva y sus efectos sobre el cuerpo, sino para tratar de localizar a ese compañero y que me pudiera contar cómo lo vivió él. Me encantaría contrastar nuestro recuerdo. Sería un magnífico modo de poner a prueba diversos conceptos relacionados con la memoria.

De él no me acuerdo, como tampoco del siguiente aspirante, que estaría sentado a la puerta del despacho, seguramente preguntándose si le había tocado el tribunal «duro» o el «blando» y que fue testigo de las carreras de sanitarios y uniformados para ver, finalmente, salir a su compañero de oposición de aquella guisa. Después, escucharía aquello de «pase el siguiente».

El caso es que estuve participando en tribunales de oposición durante los siete años que formé parte de la División de Formación y Perfeccionamiento. Serían muchas las entrevistas realizadas. Lo habitual es que fueran todas muy similares, con aspirantes que dicen prácticamente lo mismo. De cuando en cuanto, uno de ellos propiciaba una entrevista con algo nuevo, diferente, incluso gracioso, como aquel joven que apareció vestido con un traje oscuro de rayas verticales, propio de un gánster de los años veinte del siglo pasado. Además, el traje le quedaba enorme. Estaba claro que no era suyo.

—¿Cuántas veces se ha puesto ese traje? —le pregunté en mi papel de asesor psicólogo.

—Esta es la primera vez —me contestó—. Me lo ha prestado un amigo.

Nos pareció muy buena su iniciativa y su respuesta. No se aprueba a nadie por lo bien o mal que les queda la ropa, sino porque entienden que, a una entrevista de trabajo, como son esas, se acude vestido para la ocasión. Él no parecía tener la ropa adecuada y se buscó el modo de obtenerla, bien por él. Me recordaba mucho al personaje de dibujos animados *Pumuki*, aquel de pelo rojo y de punta, con la cara llena de pecas. Imagináoslo ahora con ese traje.

Pero a lo que iba. Jamás me encontré con situaciones como las que nos llegaban a través de foros de opositores según las cuales durante sus entrevistas les obligaban a hacer cosas muy extrañas, como ver que les arrojaban su DNI por la ventana o que les dieran un bolígrafo, les señalaran un perchero que se convertía en una manifestación figurada que debían disolver.

No digo que estas extrañezas no se produjeran. Lo que sí puedo afirmar es que yo nunca fui testigo de ninguna de ellas ni estuve con compañeros que me las refirieran. Quiero pensar que son leyendas urbanas.

## *Claustro de profesores*

Hablaba del comisario psicólogo. Sí, tenía un puesto para mí en el Centro de Promoción y me lo dio. Así que pasé a formar parte del claustro que se encargaba de formar a los profesionales que ascendían de la categoría de policía a oficial, de oficial a subinspector, y de inspector a inspector jefe en temas propios de mi especialidad. Todo lo aprendido hasta entonces pasaba a transmitirlo a mis compañeros, pero ahora como parte de un plan de estudios estable, académico, diferente del realizado en el

CAE, que se condensaba en cursos de tres días, una semana o dos, como mucho.

Este tipo de formación era muy diferente de la del CAE, como decía. Los cursos eran más largos, meses incluso, con lo que la conexión con el alumnado era muy potente, acrecentada por el feliz acontecimiento que suponía para cada uno de ellos un ascenso en la carrera policial. Pocas cosas hay más emocionantes como las ceremonias de jura del nuevo cargo, con los himnos a los vivos y a los caídos, con las gorras lanzadas al aire, con los abrazos, con los diplomas enroscados en las manos, con los familiares llorando de alegría y los niños arrebatados de excitación al ponerse las gorras de sus padres.

Esta etapa para mí fue mucho más tranquila. El Centro de Promoción era un destino no solo estable, sino estático, sosegado, a menudo monótono. Las promociones se sucedían sin apenas cambios. Se conocía a muchísimos compañeros. Con unos se conectaba más que otros. Como profesor, apreciabas ese extraño fenómeno en el que una misma clase parece adquirir una especie de personalidad colectiva, según la cual, a algunas estabas deseando darles clase y compartir y a otras, bueno, digamos que no iba uno con tantas ganas porque tenían entre sus filas a esos alumnos a los que yo llamo «hostiles», que todo te lo rebaten porque como «todo el mundo tiene mucha psicología…».

Recuerdo haberme caído dos veces de la tarima porque soy incapaz de dar clase quieto. La primera vez nadie reaccionó a mi caída porque justo antes les acababa de anunciar que iban a tener una sorpresa. No recuerdo cuál era esta, pero no era mi caída, aunque ellos sí que lo pensaron. Solo cuando les dije que el tropezón no entraba en mis planes, se echaron a reír. La segunda vez fue ante los mismos alumnos y sugirieron atarme a la silla.

En otra ocasión, organicé con un alumno una especie de teatrillo según el cual discutiríamos en clase, subiendo de intensidad hasta que terminara yo expulsándole de clase. La idea era generar una situación imprevista de estrés para ver cómo reaccionaban como grupo. Vaya si se generó estrés. Tanto que ni siguiera explicándoles lo que habíamos simulado eran capaces de asumirlo y no paraban de recriminar a su compañero por haberme sacado de mis casillas.

También recuerdo ser apercibido por la superioridad por haber tomado una iniciativa en mis clases que podía alterar la igualdad en el trato hacia las distintas secciones.

### *Castigado por innovar*

Sucedió que, por entonces, me unía una gran amistad con el profesor de Armamento y Tiro, un exgeo con el que iba a menudo a ejercitar en la galería de tiro de la comisaría de al lado. Supe por él que, en el examen de su asignatura, en el que había que montar el arma desde sus cinco piezas elementales, municionar y hacer diez disparos, un veinte por ciento del alumnado no llegaba a efectuar ni un disparo por culpa de la ansiedad. Así que, como uno de mis temas era el control del estrés, pensamos en emplear su examen como situación de entrenamiento de la ansiedad.

Tan bien debió salir mi entrenamiento que las secciones a las que di clase sacaron mejores notas que las secciones de los otros profesores. Nos llamaron la atención a los dos. Por más que nosotros nos defendimos asegurando que podíamos instaurar ese entrenamiento en todas las secciones, dada su evidente eficacia, no fuimos escuchados y todo siguió como antes del experimento.

En el Centro de Promoción viví también aquella triste mañana del 11 de marzo de 2004. Los atentados de Madrid en los trenes de cercanías nos tenían absortos e incrédulos. Nadie podía dar clase, por entonces estaba en marcha el curso de oficial de policía, atentos como estábamos todos a la radio, con sus confusas informaciones y en las que lo que recuerdo es que, según pasaba el tiempo, se hablaba de más y más víctimas, como si el recuento no fuera a terminar nunca. Como el resto del país, quedamos conmocionados y no hubo otro tema durante el resto del curso. Desde aquel día, todos estamos un poco más tristes.

### *El agente del FBI Robert K. Ressler*

También fue entonces cuando conocí a Robert K. Ressler, el icónico agente del FBI, en un evento en Valencia organizado por el Centro Reina Sofía para el Estudio de la Violencia, en mayo de 2003. Ressler fue el creador del concepto de asesino en serie. En Valencia, después de un rato de amable charla en uno de sus descansos, me confesó que su proyecto de entrevistas a los asesinos en las prisiones lo realizó a escondidas del director del FBI y que solo cuando consiguió sus resultados y vio que eran prometedores, le informó de ello. No, él tampoco lo tuvo fácil. Es lo típico de mejor pedir perdón que pedir permiso.

El caso es que, según pasaban los años, me iba dando cuenta de que soy una persona inquieta que no aguanta mucho tiempo en el mismo sitio, sobre todo si las funciones a realizar no suponen un reto, y dado que el Centro de Promoción podía llegar a absorberte hasta el punto de no querer nunca marcharte para no perder su hipnotizante ritmo, creí llegado el momento de cambiar de aires. Además, me encontraba en la tesitura de dar clase en el curso de ascenso a la categoría de subinspección al mismo alumnado al que había dado clases en el curso de ascenso a oficial de policía. Y, claro, se sabían todos mis chistes y todas mis anécdotas. Pocas cosas hay más tristes para un profesor que sus alumnos se rían falsamente con lo que les cuentas.

Robert K. Ressler

Asesinos en serie y agresores sexuales hiperviolentos

- Es el creador del concepto de asesino en serie y el impulsor de las modernas técnicas de elaboración de perfiles criminales.
- Es director de la organización profesional Forensic Behavioral Services.
- Es profesor ayudante de la Universidad Estatal de Michigan y de la Universidad de Georgetown. Es, asimismo, instructor visitante en el departamento de Patología Forense de la Universidad de Dundee (Escocia).
- Es el fundador y antiguo director del Programa de Detención de Criminales Violentos (Violent Criminal Apprehension Program) del FBI.
- A lo largo de los 20 años que ha pertenecido al FBI, ha elaborado muchos de los programas que han llevado a la creación de la oficina del Centro Nacional para el Análisis del Crimen Violento (National Center for the Analysis of Violent Crime).
- Ha entrevistado a los asesinos más célebres y ha asesorado numerosas películas: Copycat, El silencio de los corderos o la serie Expediente X (The X Files, inspirado en su trabajo en la Unidad de la Ciencia del Comportamiento del FBI), entre otras.
- Como criminólogo ha prestado sus servicios en todo el mundo, impartiendo cursos a diversos cuerpos de seguridad, como por ejemplo a los detectives de Scotland Yard.
- Ha publicado numerosos libros, entre los que cabe destacar *El que lucha con monstruos* (Barcelona, Ariel, 1995).
- Ha recibido el premio de la American Academy of Psychiatry and Law's Amicus Award y el de la American Academy of Forensic Science.

Miércoles 14

| | |
|---|---|
| 9:00 | Ceremonia de inauguración |
| 9:15 | Lección 1: Concepto del asesino en serie |
| 10:00 | Coloquio |
| 10:30 | Pausa-café |
| 11:00 | Lección 2: Asesinos en serie organizados y desorganizados |
| 11:45 | Coloquio |
| 16:30 | Lección 3: Estudios de casos de asesinos en serie organizados y desorganizados |
| 17:15 | Coloquio |

Jueves 15

| | |
|---|---|
| 9:15 | Lección 4: Factores biológicos, psicológicos y sociales del asesino en serie |
| 10:00 | Coloquio |
| 10:30 | Pausa-café |
| 11:00 | Lección 5: El papel de las fantasías aberrantes y violentas en el asesinato en serie |
| 11:45 | Coloquio |
| 16:30 | Lección 6: Detección: técnicas para la elaboración de perfiles criminales |
| 17:15 | Coloquio |

Viernes 16

| | |
|---|---|
| 9:15 | Lección 7: El asesinato en serie en el mundo |
| 10:00 | Coloquio |
| 10:30 | Pausa-café |
| 11:00 | Lección 8: Conclusiones |
| 11:45 | Coloquio |
| 12:15 | Ceremonia de clausura |

Programa del curso de Robert Ressler en Valencia.

Los profesores de la División de Formación y Perfeccionamiento teníamos un privilegio administrativo, conservábamos nuestro destino anterior. El mío era Fuenlabrada, pero esa es otra etapa y se merece su propio capítulo. No obstante, quince años después regresé al Centro de Promoción, cuyo nombre había cambiado al de Centro de Altos Estudios Policiales. Resultó ser mi último destino en activo, algo así como cerrar el círculo, solo que fue una despedida en cierto modo amarga. Pero todavía queda mucho que contar.

## CAPÍTULO 5

# LOS PRIMEROS CONATOS COMO ANALISTA DE CONDUCTA

Durante los siete años que estuve destinado como profesor de la División de Formación y Perfeccionamiento en mi primera época, del 2000 al 2007, la psicología era parte integral de mi labor profesional. Distintos ángulos, distintas aplicaciones, distintas materias, pero todo giraba en relación con esta ciencia. Fueron años de mucho estudio, de muchas clases, de mucha formación dada y recibida. Compartí conocimientos con cientos de compañeros y compañeras. Pensaba mucho sobre mi trabajo y sobre cómo mejorar esa relación entre teoría y práctica aplicadas a las múltiples disciplinas policiales. Mi idea inicial y difusa de aplicar la psicología a la investigación policial de los delitos graves era ya convicción. Faltaba desarrollar el proceso que convertiría mi intención en una herramienta concreta. Era muy consciente de que esa aplicación debía cumplir con dos requisitos ineludibles: ser realmente útil a los investigadores y ser rigurosa con el método científico. Útil como para que ayudara a esclarecer delitos; rigurosa como para que pudiera defender sus hipótesis ante cualquier tribunal.

No tenía referencias en este campo más allá de las del FBI y su Unidad de Ciencias del Comportamiento, con su aplicación estrella, el VICAP. Pero su modelo, por aquel entonces basado en el trabajo de Ressler sobre agresor organizado/desorganizado, no tenía aplicación directa a la casuística española, en la que los asesinos en serie eran algo raro estadísticamente. En Estados Unidos la base de datos criminales de este tipo era tan amplia que podían hacer análisis estadísticos que devolvían perfiles probabilísticos, pero este enfoque no era posible en España. Había que inventar algo nuevo, expresamente diseñado para analizar casos únicos.

En mi mente, de un modo holístico, intuitivo, manejaba los conceptos, pero todavía no sabía cómo desglosarlos, descomponerlos, descender al terreno práctico y poder hacer de ellos algo operativo y funcional. Así que necesitaba ayuda, por lo que decidí darle la máxima rigurosidad posible a partir de la guía que alguien experto pudiera brindarme. Por ello, comencé mis estudios de doctorado con la pretensión de que esa metodología se convirtiese en mi tesis doctoral. De ese modo, lograba los dos objetivos, que me orientaran en la generación de una herramienta útil y que, además, presentara el suficiente rigor metodológico como para emplearla con seguridad y confianza.

*El académico y la investigadora policial*

Así, emprendí dos vías. Por un lado, la académica. Me matriculé en el programa de doctorado de Psicología Social de la Universidad Complutense, cuyo departamento dirigía la eminencia universitaria que yo pretendía como director de mi tesis, el profesor Florencio Burillo. Por otro, la práctica. Necesitaba casos para desarrollar mi método y, como profesor, no tenía acceso directo a ellos. Gracias a la enormidad de contactos que obtenía en la División de Formación conocí a la que entonces dirigía el Servicio de Atención de la Familia de la Jefatura Superior de Madrid, que también llegó a ser una buena colaboradora.

A Floro, como se conocía a Burillo en confianza, le pedí cita para explicarle mi proyecto. Mi intención era que se ofreciera a dirigirme la tesis porque a mí me daba mucho apuro pedírselo. Le pinté bonito mi idea y, como yo sabía que lo policial le atraía mucho, al mencionar que carecía de director, le faltó tiempo para ofrecerse. Disimulando mi satisfacción, le dije que sí. El primer objetivo quedaba logrado.

A la compañera del SAM le expliqué mi proyecto y me ofreció sin dudar sus casos abiertos. Todavía recuerdo la estantería de su despacho llena de cajas de cartón cada una con la documentación de un caso. Estaban disponibles para mí y le estoy profundamente agradecido por ello. De todos esos casos recuerdo especialmente dos, ambos esenciales en lo que supuso mi tesis doctoral, el caso del violador del Mono y el del violador del Búho, ambos agresores sexuales seriales.

Burillo me descubrió el proceso lógico de la abducción, palabra que hasta entonces tenía asociada al secuestro por parte de extraterrestres. Ahora, ese término forma parte de mi forma de pensar lógicamente, un modo en el que la lógica y la creatividad van de la mano y sin el que la perfilación criminal no puede entenderse, del mismo modo que el diagnóstico clínico se vale de él. Y con el descubrimiento de la abducción llegó también el del filósofo del siglo XIX y principios del XX, Charles S. Pierce, fundador del pragmatismo, de la semiótica moderna y de la teoría de los signos. Un libro que significó un salto cualitativo para mí en este sentido fue *Sherlock Holmes y Charles S. Pierce: el método de la investigación*, de Thomas A. Sebeok. No conozco todavía mejor obra para iniciarse en el campo del análisis de conducta y siempre que puedo lo recomiendo.

La jefa del SAM apostó por una metodología que sumaba herramientas en la investigación criminal, las básicas y tradicionales más la que yo le aportaba desde la psicología. Ella ponía a prueba las sugerencias que le hacía después de mis análisis y, unas veces más y otras menos, avanzábamos ambos.

### *El violador del Búho*

El caso del violador del Búho fue mi primer gran caso como analista, y eso que la metodología estaba aún por formarse. El análisis de las agresiones cometidas hasta un momento dado me permitió hipotetizar cuándo y dónde cometería su siguiente agresión. Lo centré en dos fines de semana consecutivos, realmente un objetivo muy concreto. Pero había dos problemas. Uno, que ambos fines de semana coincidían con Navidad y con Noche Vieja, lo que suponía una importante merma de efectivos policiales por cuestión de las festividades; dos, que la zona de actuación del agresor eran parques y jardines en un área que comprendía cinco distritos colindantes del sureste de Madrid, una enorme extensión.

La compañera confiaba en el proyecto y en mis sugerencias. Lo defendió ante sus superiores y, a pesar de las fechas, se montó un dispositivo especial con los funcionarios disponibles para esos fines de semana. La pregunta era: ¿atacaría el violador del Búho esos días tan concretos y señalados? Por cierto, se le llamaba así porque muchas de sus víctimas eran abordadas después de bajarse del autobús nocturno de Madrid, llamado Búho.

Pues sí, atacó. No lo sabemos porque se le detuviera, que, tristemente, no fue así, sino porque, por primera y última vez, que sepamos, agredió fuera de su zona habitual. Es más, se fue lo más lejos que pudo, al noroeste de la capital. Agredió a una muchacha que regresaba de celebrar su cumpleaños. El destino es, con frecuencia, cruel. Él no conocía la zona, pero no pudo evitar seguir la cadencia de sus ataques. Y sabemos que no conocía el lugar porque, según obligaba a la víctima a caminar por el parque, no paraba de preguntarle hacia dónde llevaban los caminos por los que pasaban.

¿Por qué cambió su zona de ataque? Mi opinión es que, de alguna manera, observó una mayor presencia policial, gracias al dispositivo, y, como no quería dejar de pasar la ocasión, optó por marcharse lo más lejos que pudo, aunque fuera a un área desconocida o en la que no se movería con seguridad. La pulsión por atacar era demasiado fuerte como para inhibir su ataque, aunque eso supusiera asumir mayores riesgos.

A pesar de que el análisis había sido certero en cuanto al momento y lugar, estábamos lejos de identificarle, y eso que llevaba algunos años violando mujeres. Al final, su detención se produjo gracias al coraje de una de sus víctimas y a la confianza de su padre. Y es que la que fue su última víctima logró convencer a su agresor para quedar en una próxima cita. Cómo sería de desmesurada la confianza de este peligroso delincuente que, una semana después, acudió a la cita. La víctima, que después de la agresión acudió a comisaría a denunciar, se encontró con la desconfianza de quién le tomó declaración. No debió de convencerle eso de quedar con su violador y mandó la denuncia directamente al juzgado, en lugar de traspasarla a los investigadores. Quién sí creyó a la víctima fue su padre, que fue quien acudió a la cita para encontrarse con el tipo. Lo retuvo, llamó a la Policía y, esta vez sí, al tomársele el ADN, una tras otras comenzaron a dar positivo más de una docena de sus violaciones anteriores.

Con el violador del Búho, el método ya empezaba a vislumbrarse muy parecido a como quedaría finalmente, y yo aprendí mucho sobre cómo organizar los datos de un delito para proceder después a su análisis.

Sin embargo, recibí un serio revés académico cuando Floro, mi director de tesis, al ver cómo avanzaba mi metodología, reconoció que se sentía incapaz de llevarla adelante, que se le escapaba el modo de convertir toda esa teoría lógica en un planteamiento práctico, con sus fases o sus procedimientos. Con mucha pena, me tocó cambiar de director. Suerte que conocía a un profesor de la Universidad Complutense también psicólogo clínico con enorme experiencia en el campo de la hipnosis y de los tratamientos de ansiedad, y asimismo un magnífico metodólogo. Se ofreció a continuar allá donde Burillo lo había dejado. De hecho, fue capaz de convertir el método que flotaba difuso en mi mente en algo concreto y operativo. Gracias a él, los cuatro pilares de información del método que vislumbraba se fueron convirtiendo en categorías susceptibles de organización e, incluso, de codificación. La tesis doctoral entraba en su fase de materialización.

Entonces llegó el caso del violador del Mono, denominado así no porque tuviera o pareciera un animal de esta especie, sino porque en las primeras seis agresiones de las doce que cometió iba vestido con esta prenda de trabajo. Si el violador del Búho me permitió ordenar aspectos como la perfilación geográfica o temporal, además de otras cuestiones, el violador del Mono logró que me centrara en aspectos como el aprendizaje del agresor, la evolución en su *modus operandi*, su nivel de inteligencia o los modos de abordaje en función del tipo de víctima.

Este individuo agredía sexualmente a menores de edad. No había penetración, solo tocamientos mediante el empleo de una crema que portaba. Accedía a las víctimas mediante el engaño. Les ofrecía una consola de juegos. Mientras les pedía que anotaran sus datos en una hoja de papel, procedía a los abusos. No me detengo en más detalles porque no es necesario.

Si su primera víctima fue una niña de corta edad, la segunda fue un niño. Ambos lograron huir de su agresor. No hubo más niños. Las demás víctimas, otras diez, fueron niñas. El problema era que con cada agresión las elegía de mayor edad. De los ocho o nueve años de las primeras víctimas a los trece de las últimas, y, para mayor peligro, eran agredidas en sus propias casas. Estaba claro que el agresor evolucionaba eligiendo niñas cada vez más desarrolladas fisiológicamente a la vez que aprendía a manipularlas mejor. Comenzó con víctimas que consideraba fáciles de controlar, aunque no siempre lo consiguiera. Poco a poco sus agresiones eran más completas y, por ello, cada vez más peligrosas.

Demostró, también, no ser muy inteligente. En su última agresión, en un domicilio particular, eyaculó sobre el suelo del dormitorio. Tomó una toalla del baño y limpió sus fluidos, pero, al marcharse, dejó allí la toalla. O fue un descuido, que no pareció por cómo abandonó la escena, o, a pesar de tener alguna idea de criminalística, no era muy precisa.

Que no era inteligente se evidenció al acudir por segunda vez a una urbanización donde ya había agredido con anterioridad a una niña. Esta, al verle mientras jugaba en los columpios con su padre, alertó a este de que era el hombre que la hizo daño. El padre corrió tras el agresor. No logró alcanzarle, pero sí verle montarse en un vehículo cuya matrícula pudo anotar. Llegar a la identificación desde ahí fue rápido.

Si el violador del Búho agredía en fines de semana, después de acompañar a su novia a casa por la noche, el violador del Mono aprovechaba su trabajo como reparador de ascensores para desplazarse en horario comercial a los distintos barrios donde localizaba a sus víctimas. Su impuntualidad provocó que fuera despedido. De ahí que solo la mitad de las agresiones las cometiera vestido con su ropa de trabajo. La disponibilidad de tiempo es una variable esencial para analizar a los agresores. Con ello se cumple una máxima criminológica: un agresor no delinque cuando quiere, sino cuando puede.

De esta manera, con casos como estos que amablemente me dejaban los compañeros, el método fue tomando cuerpo. Le quedaba tiempo por delante para llegar a ser una realidad, pero iba por el buen camino. Aún debían suceder acontecimientos importantes, entre ellos muchos patrullajes en moto y un ascenso a inspector jefe.

## CAPÍTULO 6

# LOS OMEGA DE FUENLABRADA

La tesis doctoral avanzaba lentamente. Cuando encontré el primer resguardo de matrícula y lo confronté con la fecha de defensa de la tesis, habían pasado doce años. Sí, doce años me llevó realizar el doctorado. Es un poco engañoso el periodo porque, trabajando durante todo ese tiempo, la dedicación era como el río Guadiana, apareciendo y desapareciendo bajo tierra.

Al mismo tiempo, consciente por completo de las bondades de la especialidad del análisis de conducta, que seguía siendo apenas un embrión, buscaba posibilidades de instauración en la estructura policial, siempre con resultado infructuoso. No lograba convencer a la superioridad de las ventajas de una herramienta de este tipo y mis intentos por darla a conocer acababan en el silencio administrativo, no necesariamente positivo.

Así, entre la frustración que me producía ser incapaz de llevar a buen puerto mis pretensiones y la monotonía en la que me había anclado en el Centro de Promoción, creí llegado el momento de dejar dormir el proyecto de perfilación y dedicarme de lleno a la carrera policial. Me acogí a mi derecho de reintegrarme en mi plantilla original y, voluntariamente, dejé las aulas y regresé a Fuenlabrada, a seguir siendo policía de calle.

Al reincorporarme, resultaba ser el inspector de la plantilla con más antigüedad, salvo una compañera que, sin embargo, llevaba un tiempo de baja. A pesar de ello, el comisario me designó para un puesto «menor» en relación con los inspectores existentes, todos jefes de brigada. Lo comprendo, por muy antiguo que fuera, también era el último en llegar. Sin problema. En cualquier puesto encontraría mi sitio.

Me nombró jefe del Grupo Operativo de Respuesta (GOR). En cierto modo me sentí agraviado, como decía, por mucho que comprendiera la decisión. Pero, lo que son las cosas, al poco tiempo me vi inmerso en una especialidad puramente policial, liderando a más de cuarenta policías, la mayoría muy jóvenes, llenos de entusiasmo y motivación, que me hicieron disfrutar de esa enorme área policial denominada Seguridad Ciudadana.

La gran ventaja que tiene el GOR, frente a los Grupos de Atención al Ciudadano, los típicos patrulleros denominados «Zetas», que tienen un sector y un horario asignados, es que su jornada de trabajo, su horario y su organización son irregulares, adaptados a la realidad delincuencial que deben combatir. Su labor es eminentemente preventiva, por lo que parten de un análisis previo de la delincuencia de la ciudad para actuar allá donde y cuando más útiles pueden ser. Me encontré con la estadística policial y con la autonomía suficiente como para organizar los grupos, sus horarios y los métodos de patrullaje y reacción adaptados a los objetivos que semana a semana se iban fijando en función de la comisión de delitos.

Por otro lado, rescaté del montón, literalmente hablando, de motocicletas que se oxidaban en el garaje de la comisaría, once motos Scooter que, acondicionadas, permitieron emplear uno de los vehículos más versátiles en ciudad para combatir la delincuencia, las motos. Muchos de los miembros del GOR, cuyo nombre en clave era «Omega», eran moteros o querían serlo, con lo que añadimos un atractivo más al trabajo de cada día. Eso sí, no había cascos para todos, por lo que no pudimos asignar los que había individualmente. Nos los íbamos pasando de turno en turno, al igual que los equipos de radio.

De este modo, y durante tres años, me encontré realizando servicios policiales de esos que disparan la adrenalina y que consiguen resultados inmediatos: detenidos, incautaciones de drogas y armas, persecuciones, controles policiales, más detenidos, más incautaciones de armas y de drogas.

Montaba servicios especiales de noche en los que unía dos de los cinco grupos en los que estaba dividido el GOR. Casi siempre tenía que negarme a que se nos unieran otros de los demás grupos, voluntarios entusiastas que renunciaban a sus días libres para unirse a los servicios especiales, porque ni teníamos vehículos ni dispositivos de radio para todos. Tal era la motivación del grupo.

Entrábamos por sorpresa en *pubs* y discotecas, después de realizar una selección motivada, de tal modo que, en apenas unos segundos, las luces estaban encendidas, la música apagada y los clientes en un lado del establecimiento. Después, llegaban los registros y las numerosas incautaciones, además de las denuncias administrativas por infracciones de todo tipo que detectábamos.

Montábamos controles policiales, los denominados DEC (Dispositivos Estáticos de Control), en calles y carreteras estratégicamente situadas, en colaboración unas veces con la Policía Local y otras con la Guardia Civil. Más incautaciones, detenciones por busca y captura. Otros dispositivos prevenían robos con fuerza en los numerosos polígonos industriales de la localidad que, por aquel entonces, contaba con el mayor de Europa, el Polígono de Cobo-Calleja.

Los redactores de la revista *Policía* nos hicieron un memorable reportaje de ocho páginas más la portada, después de compartir con nosotros una noche que resultó de lo más movida, con numerosas detenciones, mucha velocidad y nervios. No lograron sus superiores disuadirles de evitar las fotografías que nos hicieron, por mucho que se apreciaran los *pockets* remendados con cinta aislante, o los complementos del uniforme no reglamentarios con los que los policías se adaptaban como podían a las exigencias de la operatividad y del frío de la noche. Todavía no se había asignado al personal operativo la uniformidad que hoy vemos, con los pantalones cargo, los polos y, sobre todo, las botas.

Nótese en la portada de la revista cómo todavía no se tenía verdadera conciencia del uso de determinadas expresiones que hoy son totalmente inadecuadas, incluso inaceptables. Dejo al lector el reto de descubrirla.

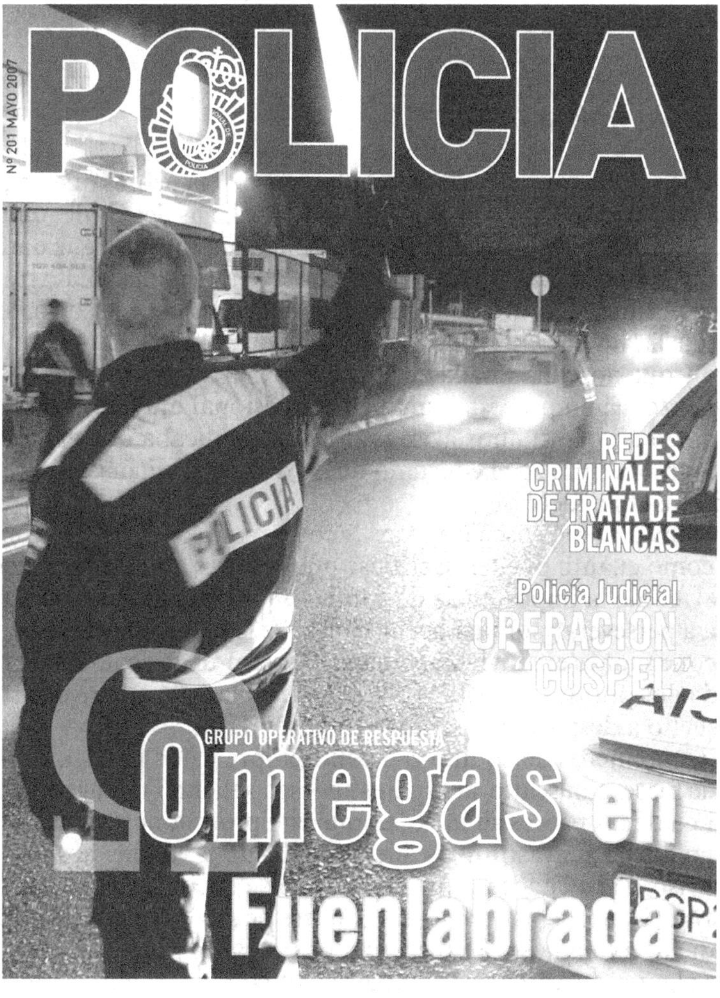


Portada de la revista *Policía* sobre los Omega de Fuenlabrada.

Gracias al reportaje, los Omega de Fuenlabrada se convirtieron en una referencia nacional. Me llamaban colegas desde otras provincias para preguntarme cómo nos organizábamos. Lo mejor era que muchos policías se ofrecían voluntarios de otros servicios para unirse a los dispositivos o al propio GOR, hasta el punto de que se acumularon las minutas de los aspirantes a la espera de una baja que les permitiera incorporarse. En los servicios especiales hasta tuvimos que designar a un compañero para dedicarse en exclusiva a pasar por informática los nombres de las personas que identificábamos en la vía pública o las matrículas y así liberar a la sala del 091, tal era el volumen de trabajo que creábamos.

La lista de aspirantes crecía mes a mes, como decía. Nadie quería marcharse y muchos querían unirse a nosotros. Disfruté muchísimo esa etapa, aunque no todo fue positivo.

## *El agujero negro de la droga*

También hubo momentos malos, algunos de los peores que he pasado en toda mi carrera. Como el que uno de los policías del GOR, uno de los mejores, con un olfato policial magnífico, con arrojo y seguridad como pocos, quiso opositar a las Unidades de Intervención Policial. Logró entrar a realizar el curso selectivo. Un lunes, el jefe del Grupo de Madrid, un buen amigo, me llamó para decirme que «mi chico» no se había reincorporado al curso y que no sabían nada de él.

Comenzó así un proceso humano y profesional muy doloroso porque lo que poco a poco fuimos averiguando nos indicaba que el muchacho estaba en caída libre en el consumo de las drogas y, además, se le complicaba si consumía alcohol.

Aquellos días me enseñaron varias cosas, como el valor del compañerismo, como cuánto pueden sacrificar unos padres o una compañera sentimental, como la importancia de confiar en los demás y el tesón que nos impulsa a perseverar por una buena causa. Se le dio la baja médica porque en sus condiciones era inviable trabajar. A pesar de los cuidados que recibía, cada dos por tres los padres o la novia me llamaban para decirme que había vuelto a desparecer y salíamos a buscarle.

Sus compañeros de equipo estaban siempre listos para salir, fuese la hora que fuese, a buscarle, aunque estuviesen salientes de turno. Así tomó forma una de las peores situaciones que viví profesionalmente.

En un coche sin distintivos, bien adentrada la noche, después de un nuevo aviso de sus padres, que creían que se encontraba en uno de los poblados del sureste madrileño, fui con tres de sus compañeros en su busca. Nadie decía nada según recorríamos las calles prácticamente vacías. Apenas algunas luces en las ventanas de los edificios. La preocupación se mostraba claramente en nuestros rostros. Sin que ninguno se atreviera a decirlo, todos nos imaginábamos los peores escenarios y no nos podíamos creer que un tipo como él, con aquella enorme vitalidad que derrochaba, un policía excepcional, estuviera inmerso en una tragedia así.

Llegamos a la comisaria en cuyo distrito se encontraba el poblado. Pedí ver al jefe de turno en servicio. Ni siquiera había pensado qué iba a decirle, pero llegado el momento, como pude, le expliqué que buscábamos a un compañero que posiblemente estuviera por el poblado comprando y consumiendo droga y que necesitábamos que alguien nos guiara en su búsqueda. Escribo esto y me emociono, del mismo modo que recuerdo que se me trababa la voz cuando hablaba con el subinspector que me escuchaba con atención y comprensión. Se portó genial. Pidió a un indicativo de los Zetas que nos guiara, que peinara cada rincón del poblado, pero no les indicó el motivo, solo que no dejaran de dar vueltas hasta que nosotros le avisáramos.

Detrás del vehículo con las luces azules encendidas, nos sumergimos en un mundo que no parece de este. Entre las chabolas, en zanjas, en rincones oscuros, en callejones, pequeños grupos de individuos consumían o dormían sobre la arena, junto a perros que nos miraban sin curiosidad. Otros muchos ojos nos observarían sin que reparáramos en ellos, atentos a nuestros movimientos e intenciones.

En mi mente pugnaban dos deseos incompatibles: encontrarle en el estado que fuese para poder llevarle a casa con los suyos o no encontrarle para no verle en ese estado destruido. Solo de imaginar su rostro al vernos, me invadía un pavor extremo. Por él, por nosotros. Creo que todos pensábamos lo mismo. Sentíamos miedo y compasión por él, acrecentados al ver a todas aquellas personas convertidas en ruinas humanas. No sé si por suerte o por desgracia, esa noche no le encontramos. Dimos las gracias a los compañeros que nos habían guiado y regresamos a casa, todavía más silenciosos que antes.

Un buen amigo mío, psicólogo con responsabilidad en la estructura del Servicio Sanitario de la Policía, me comentó que esos casos eran muy complicados de gestionar. Solo uno de cada diez conseguía salir bien parado. Los demás…, me dijo, y dejó la frase en suspenso.

Perseveramos con él. Luchamos con él. Y, aunque tuvo que dejar la Policía, hoy es un atleta que compite en el *Iron Man*, que tiene un hijo precioso y, por mucho que sé y que él reconoce, que a veces los días son duros, muy duros, sale adelante, limpio, por su familia y por él, sobre todo. Sacrificó lo que más le gustaba hacer, ser policía, pero me emociona saber que es ese uno de cada diez que lo logró. Bien por él.

Mientras, como decía, seguíamos patrullando, montando dispositivos, haciendo detenidos, viviendo todo tipo de experiencias con *policías full*, delincuentes que se hacían pasar por policías para robar a los numerosos camioneros que llegaban a repartir mercancías en los enormes polígonos industriales de la ciudad, adolescentes rebeldes, *houdinis*…

*El* full *policía* full

Es un juego de palabras, sí, pero encaja con la anécdota. En comisaría estábamos preocupados por la elevada incidencia de una serie de robos que se producían a camioneros de múltiples nacionalidades que llegaban a los enormes polígonos industriales de Fuenlabrada. Una de las técnicas de los delincuentes era hacerse pasar por policías para aprovechar el momento y cometer hurtos a los conductores. Así que patrullábamos con frecuencia por esas enormes áreas por las que podías perderte, de tan grandes que eran.

Justo la noche en que vinieron con nosotros el redactor y el fotógrafo de la revista *Policía,* se produjo un aviso según el cual el *policía full*, que así le llamábamos, estaba en esos momentos actuando en el polígono Cobo-Calleja.

Salimos disparados. Las motos íbamos primero. Su agilidad y velocidad nos daban ventaja. Éramos tres. Con las luces azules y los avisos sonoros creábamos una estela de decisión según dibujábamos las complicadas curvas de la carretera M-506, que debió de diseñarla un ingeniero en prácticas, porque tiene un trazado horroroso.

Tanto es así que, en un momento dado, yo, que iba el segundo, vi por el espejo retrovisor cómo mi compañero de detrás tomaba mal una curva a derechas, una de las peores del trazado. Se iba abriendo más y más en dirección al muro de separación de carriles. Lo recuerdo como si ocurriera a cámara lenta. La adrenalina, la dopamina y la noradrenalina generaban una sensación perceptiva llena de matices, de detalles, de pensamientos y emociones.

Entró en el mínimo arcén con las piernas por fuera en un intento desesperado por mantener el equilibrio. Saltaban piedrecillas como proyectiles.

En ese momento, fui consciente de que no lo conseguiría, que el impacto era inminente. Frené bruscamente con la intención de detener el tráfico para que ningún coche rematara con un atropello lo que el impacto contra el muro iba a comenzar. Al mismo tiempo, no dejaba de pensar en que el compañero acababa de ser padre de una preciosa niña.

Milagrosamente, logró mantener la línea y recuperar la trazada, salir al carril y devolver la sangre a su cerebro. Seguro que su vida pasó ante sus ojos, como se suele decir. Se reincorporó a la persecución, pero mucho más conservador, cosa que a mí, al saberle a salvo, ya se me había olvidado y me volví a lanzar a recuperar los segundos perdidos.

Llegué junto a mi compañero de delante justo a tiempo para ver a un tipo junto a un camionero en una actitud que nos pareció sospechosa. Con la habilidad del entrenamiento, plantamos la pata de la cabra de la moto mientras echábamos mano de la pistola y, encañonando, dábamos el ¡alto, Policía!

A aquel hombre le entró pánico y comenzó a balbucear lo que acabamos por entender que decía: ¡Soy policía, soy policía! Mientras intentaba echar mano al cuello de su jersey para terminar sacando una placa.

Resultó ser un policía local de Madrid de servicio en Fuenlabrada. Le echamos la bronca por actuar en la localidad sin haber avisado de su presencia, porque aquello podía haber acabado muy mal.

Frustrados por no haber dado con el *policía full,* regresamos a las motos. Los compañeros ya se habían unido a nosotros. Apagué el motor de mi moto porque necesitaba que la adrenalina descendiera. Recordé el «casi accidente» que se había producido antes y fue entonces cuando pensé que nos la jugábamos demasiado de tanto celo que le poníamos al trabajo. Las pulsaciones se iban calmando mientras me fijé en que, al quitar la llave del contacto, la varilla que indicaba la velocidad de la moto se había quedado atascada más allá del límite del velocímetro. Ya no volvió a regresar al cero.

### *Adolescentes y houdinis*

Estábamos realizando un servicio preventivo en el apeadero de La Serna. En el andén de enfrente vemos a dos muchachas que comienzan a señalarnos, a reírse y que, de pronto, se bajan los pantalones y nos enseñan el culo. Atónitos ante la falta de respeto, procedemos a tratar de identificarlas. No llevan ningún carné y tampoco colaboran. Su actitud chulesca pone a prueba la paciencia de los policías. Acabamos con ellas en comisaría a efectos de identificación. En las dependencias, la cosa cambia. No se sienten tan seguras, las ganas de reír van mutando hacia la preocupación.

Llamamos a los padres y al cabo de un rato llegan por separado a hacerse cargo de sus hijas. Entre ellos no parecen conocerse. El primero en llegar, mientras le explicamos lo sucedido y firma para hacerse cargo de la muchacha, se echa a llorar avergonzado.

—Estoy deseando que tenga dieciocho años —nos dice— para echarla de casa, porque no podemos más.

Es realmente doloroso ver a alguien llorar. Debo ser muy empático porque enseguida me entra la congoja. Pero escucharle decir eso fue todavía más duro.

Se fue con ella.

El otro padre ni se inmutó. Llegó, escuchó, firmó y salió con su hija. Yo, en ese momento, estaba en la puerta de comisaría. Los vi salir, padre e hija, para, en cuanto llegaron a la acera, marchar cada uno en una dirección. No se habían dicho ni una palabra. Hay silencios que son más elocuentes que el más desaforado de los gritos.

El tipo hábil, el «Houdini», como le llamé, nos lo encontramos en un servicio complejo que realizamos en una discoteca de la localidad. En ese servicio se incautó mucha droga de consumo, algunas armas blancas y también se hicieron detenciones por busca y captura. Fue un buen servicio policial. A uno de los detenidos, esposado, lo introdujimos en un coche patrulla. Cerramos y fuimos a buscar a otro al local. Cuando regresamos, nos encontramos con la puerta trasera del zeta abierta. Os recuerdo que no pueden abrirse desde dentro.

Extrañados, miramos con ingenuidad dentro. Es evidente que el detenido no estaba. No nos dio tiempo a preguntarnos cómo había logrado escaparse, porque en el suelo vimos el panel interior de la puerta. Lo había desmantelado, con lo que accedió a los resortes de la puerta, la abrió y se marchó. Tal cual. Nos sentimos realmente idiotas. Creo que le dije al compañero que de ese detenido no íbamos a hacer papeleo. Eso sí, se largó con los grilletes a la espalda. Tampoco creo que le costara mucho deshacerse de ellos, dada sus manifiestas habilidades escapistas.

En fin, este trabajo se desarrolla ante una infinidad de situaciones porque cada día traía las suyas. Es tremendamente raro que las calles se den dos días, o dos noches, iguales. Hay días, y noches, más movidos que otros, claro, pero la monotonía no es una característica de esta profesión.

Por otro lado, en Fuenlabrada recibí mis primeras condecoraciones, hasta tres: una condecoración a cargo de la localidad vecina Moraleja de Enmedio; otra de Serranillos del Valle y mi primera inclusión en la Orden del Mérito Policial con Distintivo Blanco. En mi guerrera empezaba a lucir algo más que la placa, el orgullo de todo policía. Después llegaron otras hasta conformar la imagen siguiente:

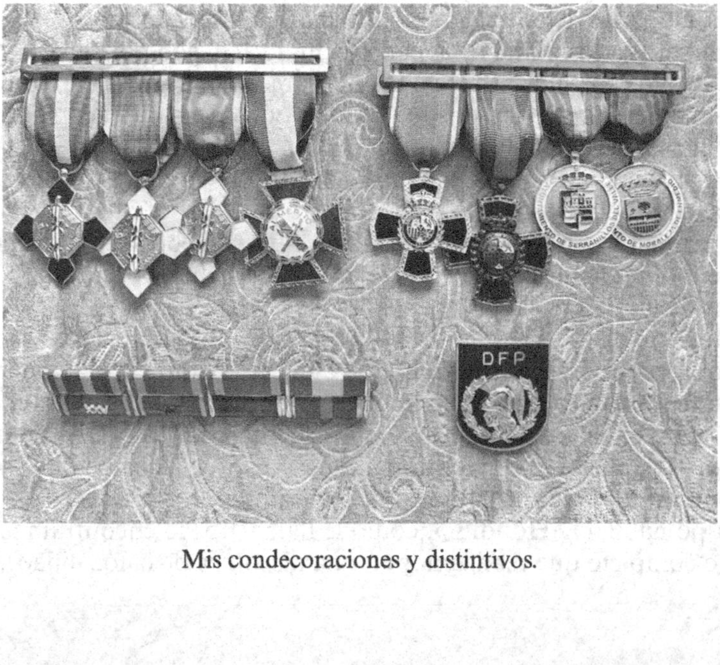


Mis condecoraciones y distintivos.

Mis condecoraciones son las siguientes:

— Una Cruz al Mérito Policial de Policía Nacional con distintivo rojo.
— Dos Cruces al Mérito Policial de Policía Nacional con distintivo blanco.
— Una Cruz al Mérito Policial de la Guardia Civil con distintivo blanco.
— Una Cruz Dedicación al Servicio Policial (veinte años).
— Una Cruz Dedicación al Servicio Policial (veinticinco años).
— Medalla de Honor de Oro del Municipio (Serranillos del Valle, Ávila).
— Medalla de Plata de la Ciudad, otorgada por el Ayuntamiento de Moraleja de Enmedio (Madrid).
— Mención Honorífica otorgada por el Ayuntamiento de Fuenlabrada (Madrid).
— Cincuenta felicitaciones públicas de diversa categoría.
— Distintivo de permanencia en la División de Formación y Perfeccionamiento.

He de reconocer que algunas de ellas llegaron de un modo, digamos, peculiar. Las de los municipios las obtuve porque uno de mis jefes, que no tenía ninguna condecoración, entablaba relaciones de colaboración con las comisarías locales de las localidades vecinas, que, agradecidas, condecoraban a unos cuantos policías en ceremonias muy formales. O como la de la Guardia Civil. Una mañana me llamaron desde el despacho de un alto mando policial para preguntarme si tenía esa condecoración. Contesté que no. Unos días después me volvió a llamar y, en su despacho, me la entregó, así, sin más ceremonias.

La roja y las dos blancas sí fueron por méritos propios. Las otorgadas por años de servicio implican precisamente eso, décadas entregadas al servicio público. A todas estas las tengo en gran estima. En cualquier caso, sería mentira si dijera que no me gustaba asistir a los eventos ceremoniales con las condecoraciones en el pecho.

### *A la Universidad*

En lo académico, se produjo por entonces un hecho que me llevó, por primera vez, a la Universidad como profesor para algo más que dar una charla. No recuerdo bien por qué ni quién me designó, pero me invitaron a dar un par de horas de clase en un curso de Secretaría de Estado de Seguridad sobre interrogatorios. El curso en sí no sería reseñable si no fuera porque se quedó a escuchar mi clase el que entonces era el jefe de la Sección de Análisis del Comportamiento Delictivo de la Guardia Civil, que tenía curiosidad por conocer a ese policía que iba a hablar sobre interrogatorios. Yo a él tampoco le conocía. Di mis clases y, al acabar, se presentó. Ahí comenzamos una relación profesional que continúa hoy en día. Él me puso en contacto con la Universidad Autónoma de Madrid, en la que desde hacía poco se impartía un máster sobre Ciencias Forenses en el que tenía participación y que desde el año 2007 pasó a ser una de mis colaboraciones más extensas en el ámbito universitario. Si no me equivoco, estuve hasta el curso 2016-2017 dando clases en ese máster como profesor honorario.

Desde entonces, mi vínculo con esa universidad no ha cesado, aunque ahora no forme parte de su claustro, pero sí del elenco de profesores de dos cursos que se han convertido en dos clásicos, uno sobre homicidios sin resolver y otro sobre psicopatía. Gracias a ello, sigo dando clase en el salón de actos de su Facultad de Psicología, donde me siento como en casa.

Y mientras, en aquellos primeros años, el azar seguía pergeñando su magnífico plan. Uno de mis días como inspector jefe del GOR, vi que iban a impartir en la Jefatura de Madrid un curso apasionante, nótese la ironía, sobre Derecho Administrativo Sancionador en Locales de Ocio que, aunque aburrido, me vendría bien porque la revisión de los locales de ocio entraba, como habéis visto, entre las acciones policiales del GOR. Le pedí al inspector que comandaba la Brigada de Policía Judicial si quería acompañarme, que sería solo una mañana en la que nos libraríamos de la dichosa estadística y dijo que sí. Así que fuimos.

### *Por allí pasaba un tren muy especial y lo cogí*

El curso, más bien la jornada, la abría una comisaria que dirigía la Unidad Central de Inteligencia Criminal (UCIC). Supongo que nos daría la bienvenida y que hablaría algo de lo importante que es aplicar el ciclo de la inteligencia a la función policial. Al final de su exposición mencionó que tenía tres propósitos para su unidad. De los tres se me han olvidado dos por completo. Pero el tercero no lo olvidaré jamás. Si escribo estas líneas, es precisamente por ello.

Dijo algo así como que quería montar un departamento relacionado con el análisis de conducta, pero que no encontraba a nadie con el perfil adecuado para llevarlo a cabo. Según la escuchaba, me puse tan nervioso que no la dejé salir del salón de actos. La abordé por las escaleras y le dije algo parecido a «yo tengo el perfil y no encuentro a nadie que quiera poner esto en marcha».

Fue muy receptiva y me pidió allí mismo el currículum, que esa misma tarde tenía en su bandeja de entrada. Le gustó lo que leyó y al día siguiente nos pusimos en marcha. Me quería en su unidad para dirigir lo que entonces ni siquiera tenía nombre.

Si no me hubiera dado por querer asistir a esa jornada formativa sobre locales de ocio, no la habría escuchado expresar en voz alta su deseo y yo habría seguido con mi carrera profesional en la ignorancia de que en una estación había un tren que me habría gustado coger. El azar, siempre, o casi siempre, el azar.

Tiempo después, la jefa me reconoció que se lo había ofrecido primero a una inspectora, psicóloga también, que conocía en la Comisaría General de Información, pero que, aunque ella sí quería, en su servicio no le dieron permiso para el cambio. A mí me conoció después. Con esa inspectora coincidí también y muchas veces pensé que si ella hubiera tenido su oportunidad, yo habría carecido de la mía. Así nos la juega el destino.

Eso sí. No fue fácil ponerse en marcha con el proyecto de análisis de conducta, porque no se me ocurrió otra cosa que, a pesar de la oferta, ascender a inspector jefe, lo que hizo que la creación de la sección se retrasara todo un año, pero esa es otra historia.

# CAPÍTULO 7

# LA CREACIÓN DE LA SAC
# Y DEL MÉTODO VERA

## *Las previas de la SAC, como en el fútbol*

*Pues no se le ocurre otra cosa que ascender*, escuché decir a mi jefa, hablando del retraso en la creación de la sección. Digo solo sección porque todavía no tenía nombre. Primero el ascenso a inspector jefe y después las trabas burocráticas dilataron el comienzo de la mayor aventura policial que he vivido, esa que da razón del título de este relato, porque, si ya antes me podía sentir afortunado por haber desarrollado una carrera profesional llena de intensidad, compañerismo y constante desarrollo personal, la sección me llevó a vivir cada día en el asombro.

Para la oposición de inspector jefe estudié como nunca. Si en la carrera universitaria de Psicología hubiera estudiado la mitad de lo que estudié para mi ascenso, habría sido el número uno de la promoción. No daba tregua, ni siquiera los domingos, a pesar del sacrificio de la familia, que renunciaba al ocio o a las vacaciones. Es más, el sentimiento de culpa me atormentaba si no estudiaba cada día de tan *enchufado* como estaba a los apuntes. Cómo sería que el día del examen me enfadé al ver las preguntas. Me parecieron fáciles. No lo eran. Era el fruto del esfuerzo y del estudio constante.

Aprobé a la primera. Recuerdo que estaba comiendo un viernes con mi esposa en un parador nacional al que nos habíamos escapado el mismo día en que terminaron las pruebas. Necesitábamos escapar, olvidar y recuperar el tiempo entregado a los estudios. En esos momentos, me llamó mi preparador de las oposiciones y buen amigo, con el que había compartido destino como profesor en el Centro de Promoción. Él, que estaba muy pendiente de los resultados, ya los conocía y se adelantó al comunicado oficial para darme la enhorabuena. Esa comida, así, se convirtió, de pronto, en celebración.

Como ya hice cuando relataba la experiencia en la Escuela de Policía de Ávila, os indico mi mejor y mi peor nota en el Curso de Ascenso a Inspector Jefe. La primera fue en Operativa de Armas, un 10. Ya os dije que se me daba bien el tiro, seguida de un 9 en Habilidades de Gestión y Dirección y otro 9 en Medios de Investigación en el Proceso Penal, es decir, psicología e investigación criminal, respectivamente. La más floja fue un 7 en Organización y Régimen Estatutario. El derecho administrativo me resultaba adormecedor.

La resolución del 17 de marzo de 2009, de la Dirección General de la Policía y de la Guardia Civil, que entonces se habían unificado ambos cuerpos en una sola Dirección, me nombró inspector jefe del Cuerpo Nacional de Policía.

### *Jefe de brigada por poco tiempo*

Como único destino elegí Fuenlabrada y me fue concedido. Seguía cerca de casa y en un entorno conocido. Me designaron para la plaza disponible, la jefatura de la Brigada Local de Policía Judicial. De pronto, avanzaba posiciones en la estructura de la plantilla en la que venía trabajando desde algo más de tres años. Y el trato de muchos de los compañeros hacia mí cambió notablemente. Ya no era el jefe de los Omega, ese inspector que patrullaba en moto y salía de servicio por las noches por el placer de hacerlo. Ahora me miraban con más respeto. No es que antes no lo hicieran, pero sí se apreciaba un salto cualitativo. Además, no era habitual aprobar esa oposición a la primera porque el nivel exigido es muy alto y hay muchos los aspirantes y yo lo había conseguido. Como me dijo uno de los inspectores jefes más veteranos, al apreciar él también el cambio de trato que me profesaban los que antes tenían puestos de más responsabilidad que yo, ahora eres *comisariable*, es decir, que para ser comisario ya solo me quedaba un paso y todos quieren llevarse bien con los comisarios, que nunca se sabe de quién necesita uno un favor.

La despedida del GOR fue hermosa, emocionante. Vinieron prácticamente todos los que no estaban de servicio (los de servicio se pasaron un rato también) y otros que alguna vez se nos habían unido a los dispositivos. Guardo con mucho cariño los recuerdos de aquella etapa y sigo en contacto con muchos de los policías que entonces conformaban este magnífico grupo.

Como jefe de brigada de la Policía Judicial el modo de trabajar cambiaba ostensiblemente. Sobre todo, era trabajo de despacho. Mucho análisis, planificación y ese gran horror de las comisarías locales y de distrito: las reuniones control ante el jefe superior.

Comencé con muy buen pie. En la primera semana se desarticuló un taller de coches clandestino en el que se despiezaban vehículos robados. Cientos de llantas, herramientas de precisión, vehículos, un Ford KA desarmado hasta el último tornillo y que parecía, ordenado en el suelo de una habitación, un juego de construcción esperando unas manos pacientes, fueron recuperados.

Participó mi brigada también en una operación nacional contra el uso de imágenes de abuso sexual con fines de pornografía que acabó con sesenta detenidos, uno de ellos hecho por nosotros, un tipo de treinta y tantos años. No puedo olvidar el registro en su domicilio, cuando vimos que en su habitación, sobre la mesilla de noche, había unos potentes prismáticos.

—¿Le gusta observar los pájaros? —preguntó alguien.

—No precisamente —contesté mientras le señalaba que, al otro lado de la calle, desde su ventana, se veía un enorme patio de colegio, con sus canchas de baloncesto y demás zonas de esparcimiento para los recreos y clases de ejercicio físico.

Este tipo de detalles son significativos, puro análisis de conducta.

A poco me dio tiempo en la brigada porque los trámites para marcharme a la Unidad Central de Inteligencia Criminal (UCIC) estaban en marcha ahora que no había impedimentos de oposiciones ni nada por el estilo.

Aunque la superioridad parecía estar de acuerdo en que me marchara, no acababan de firmarse los documentos que autorizaban el cambio. Tanto se demoró que tuve la suerte de poder recurrir a una figura administrativa que más parecía una leyenda urbana que algo real: la permuta, el intercambio de destino entre funcionarios. Quién no había oído hablar de ella, pero quién sabía de alguien que la había utilizado. Pues yo lo hice y contra ella poco podía obstaculizar la burocracia.

Un inspector jefe destinado en la UCIC quería ir al sur de Madrid. Residía en Móstoles y Fuenlabrada le venía muy bien. Yo quería ir a la UCIC, aunque, eso sí, me obligaba a realizar un trayecto mucho más incómodo del que hasta ese momento disfrutaba. Desde mi casa al Complejo Policial de Canillas había cincuenta y cinco kilómetros en vehículo y soportando varios nudos de tráfico lento en el recorrido.

Tengo que reconocer que en la Brigada de Policía Judicial de Fuenlabrada estuve poco tiempo y nunca me sentí integrado del modo que me sentí con los Omega. Entre los turnos y los equipos no había buen ambiente. Daba la sensación de que pocos estaban contentos donde estaban, que les parecía que en el grupo de al lado se vivía mejor. No tuve el tiempo suficiente para intentar arreglarlo. No llegué a desarrollar esa conexión que sí logré, y de qué modo, con los Omega. Además, con el cambio a la UCIC pendiente, tenía la cabeza en otro sitio.

Pero, al final, pudo ser y la tarjeta que me permitía el acceso al Complejo Policial de Canillas terminó colgada de mi cuello. Daba así fin a otra etapa profesional. Era como ir pasando de una habitación a otra, cada una con sus muebles, con sus cometidos, con sus privilegios y con sus problemas. En cada una de ellas aprendía cosas nuevas, trataba con otras personas, me enriquecía según maduraba y adquiría experiencia. Es un lujo que la mayor parte de las instituciones, públicas o privadas, no pueden permitirse. El trabajo en una institución como la Policía Nacional tiene tantas posibilidades y todas tan enriquecedoras, aunque no exentas de dificultades, claro que merece la pena todo esfuerzo. Vaya que sí.

### *Columnas de cajas de folios en blanco, un tesoro*

El Complejo Policial de Canillas, en Madrid, es eso mismo, un complejo enorme de instalaciones policiales en el que trabajan miles de policías cada día. Entre otras estructuras, se distribuyen en modernos edificios las unidades centrales de algunas de las comisarías generales, como la de Policía Científica, Policía Judicial e Información. Calles, aparcamientos, almacenes, restaurante, guardería, capilla, hasta una sucursal bancaria, una pequeña ciudad con los servicios necesarios para tantos trabajadores. Un lugar muy diferente de lo que es una comisaría, ya no digamos si esta es local o de distrito.

Como todos los que llegan por primera vez, me movía por sus instalaciones con asombro y curiosidad. Las unidades centrales son otro mundo. Ves operarios que empujan carretillas con columnas de cajas de folios, cuando antes tenía que ir a la impresora con las hojas que necesitaba imprimir; tenía un coche asignado a la sección, cuando antes había que luchar por los vehículos disponibles en cada turno; hasta gozábamos de un parque central con un estanque y tres docenas de patos enormes, que hacían las delicias de los hijos de los policías cada vez que había un evento ceremonial.

Me asignaron un pequeño despacho al que no pude entrar hasta que estuvo acondicionado. Era la *narcosala*, como la denominaban, porque en ese pequeño despacho, en el que solo había un par de sillas rotas, se metían a fumar, contraviniendo las normas, los que eran demasiado perezosos como para irse a fumar a la calle. También nos asignaron otro despacho más grande, pero tampoco podía ser utilizado porque lo usaban como almacén de muebles. Cualquiera diría que nos esperaban con ansiedad.

Así que me concedieron una silla ante una mesa de un despacho grande en el que trabajaban varios compañeros del Área de Análisis Estratégico, que me colocaron el cartel con la «L» de autoescuela mientras adquiría los conocimientos básicos sobre el sistema de inteligencia de la Policía Nacional.

Ese primer día conocí a mi compañera de sección, una oficial de policía con la que llegué a vivir gran parte de las situaciones que, a partir de ahora, iré relatando. Mi compañera, psicóloga, es una persona excepcional a la que me siento muy unido. Al fin y al cabo, luchamos y sufrimos durante diez años los momentos más duros y también los más satisfactorios de una aventura maravillosa. Tenía ella un sitio asignado en el despacho enorme que llamaban «la sala de calderas», en el que se trataban las ingentes cantidades de datos informáticos que cada día se ingresaban en las bases de datos policiales y que quedaban preparados, gracias a su labor, para los análisis a que hubiera lugar por parte de los analistas especializados.

Ahí nos conocimos, los dos algo cortados. Quién nos iba a decir entonces lo que estaba por llegar. Recuerdo que apenas supe qué decirle. Las habilidades sociales no son lo mío. Sí creo recordar que le pasé un *pen drive* con presentaciones sobre perfilación criminal en *Power Point* del gran maestro, el catedrático de la Universidad Autónoma de Madrid, Manuel de Juan Espinosa, que amablemente ha contribuido a mejorar este texto con el prólogo.

Faltaba el nombre de la sección. La jefa quería denominarla Sección de Análisis de Conducta Criminal, pero le pedí, y justifiqué, que eliminara el apellido criminal, porque analizaríamos conductas, sí, pero no solo de los criminales. Tan importante como las del delincuente, nos parecían las conductas de las víctimas y de los testigos. Así que así se quedó: Sección de Análisis de Conducta, la SAC. Yo mismo confeccioné, imprimí, recorté y coloqué el cartelito en la puerta de los despachos, dando así entidad real a un proyecto maravilloso y que entonces solo era un cúmulo de incertidumbres.

Colocar aquel sencillo trozo de papel fue un acto enorme en su simplicidad. Me retiré unos centímetros para apreciarlo. La Sección de Análisis de Conducta, junto al escudo de la UCIC, era algo real. Fue un gesto emocionante. Tantos años, tantas circunstancias, tantas decisiones, todo parecía haber sido un camino expresamente dibujado para llegar a ese momento.

### *Comienzos duros quiero para mis hijos*

Nadie dijo que iba a ser fácil. De hecho, era consciente de que sería todo lo contrario. Los primeros hechos me dieron la razón.

El primer traspiés lo provocó precisamente quien había logrado el triunfo de introducir el análisis de conducta en su unidad: la comisaria jefa. Y es que, apenas cuatro semanas después de la creación de la SAC, le asignaron un nuevo destino, un ascenso a mayores responsabilidades.

—Sé que te dejo a los pies de los caballos—, me dijo al informarme de que se iba.

Le concedo el hecho de haber logrado lo más difícil, darnos cabida en la organización policial. No es mérito desdeñable y siempre le guardaré mi más sincero agradecimiento.

Lo primero que teníamos que hacer era dar a conocer la SAC a las unidades que podrían requerir nuestros servicios, los investigadores de Policía Judicial. Además, como la UCIC estaba incardinada en la Comisaría General de Policía Judicial, serían estos nuestros principales «clientes».

Se concertó una reunión con la Brigada Provincial de Policía Judicial de la Jefatura Superior de Madrid. Acudieron miembros de los Grupos de Homicidios. Al frente de ellos, una comisaria jefa de la brigada. La jefa de la unidad nos acompañaba a nosotros dos, el total de la SAC aquellos primeros años.

Estábamos en la misma sala en la que se realizaban las reuniones control con el jefe superior, donde tantos mandos sudaban la gota gorda defendiendo los datos delincuenciales de sus respectivas plantillas. Mi jefa estaba sentada a mi derecha y la comisaria de Judicial a mi izquierda. Delante de nosotros los operativos nos miraban con curiosidad. Estaba yo a punto de empezar a hablar cuando la jefa de Judicial me miró y preguntó de pronto:

—¿Pero qué has venido a mostrar aquí, si la psicología no es una ciencia?

Enmudecí. Podría decir que esta sería la primera pregunta dedicada a la SAC en su historia, toda una declaración de intenciones acerca de las dificultades de innovar, desde la psicología, en una institución como la policial, con sus rígidas estructuras y sus mentalidades, en general, tan impermeables a lo que se salga de los modos de pensar y actuar de siempre. La pregunta tiene su miga, ¿verdad? Toda ella son prejuicios y, sobre todo, ignorancia.

Pensé que si esa mujer debía autorizar las solicitudes de colaboración, pocos clientes íbamos a captar en Jefatura, cosa que, en realidad, no ocurrió, porque con los compañeros de Homicidios de Madrid investigamos varios casos muy interesantes y con alguno de sus jefes de grupo llegué a tener una relación de amistad entrañable. Pero entonces quién podía saberlo. Con preguntas así, el pesimismo estaba servido.

Mi jefa salió en nuestra defensa de modo inmediato. Además, conocía a su colega y algo me decía que no se llevaban muy bien. En cualquier caso, no fue una situación agradable.

Transcurría el mes de mayo de 2010. Faltaba un año para la que fue nuestra presentación en sociedad con una multitudinaria rueda de prensa que luego relato. La comisaria, antes de marcharse de la UCIC, logró que nos llamaran para un caso que se convirtió en «nuestro caso», en mi opinión, el más importante o, en lo personal, el que más me marcó: la muerte y desaparición de Marta del Castillo. Le dedicaré un capítulo y, aunque cronológicamente le correspondería en este momento, al menos porque entonces entramos a trabajar en él, prefiero ir comentando otras dificultades del comienzo, más que nada para justificar el título de este apartado.

### *... que, si es por mí, no te lo doy*

Recibí una llamada en mi despacho, ya acondicionado y al que le costó perder el aroma a tabaco. Era el comisario jefe de la Unidad Central de Delincuencia Especializada y Violenta (UCDEV). No era una llamada común. De hecho, fue la primera y la última que me hicieron desde ese despacho. Quería verme. Acudí de inmediato y su secretaria me dio paso. Estaba sentado y me invitó a hacerlo frente a él. Me comentó que estaban inmersos en la investigación del caso de José Bretón, al que dedicaré unas líneas. Me dijo que el juez que llevaba el caso había preguntado si había alguien que pudiera analizar sus declaraciones y las de otros testigos, grabadas en sede judicial. La creación de la Sección de Análisis de Conducta era reciente y apenas se la conocía más allá de la estructura central.

Me ofreció un DVD en su caja. Lo tomé, pero, para mi sorpresa, no lo soltó. Me quedé desconcertado por unos instantes. Estábamos los dos agarrando la caja de plástico en el aire en un extraño tira y afloja.

—Porque lo ha pedido el juez, que, si es por mí, no te lo doy —afirmó.

El desconcierto se convirtió en indignación, pero no pude expresarla. Era el jefe.

Por fin lo soltó y me lo llevé. No podía creer lo que acababa de hacer. Parecía que las sorpresas no iban a acabarse tan pronto. ¿Qué había ganado diciéndome eso? ¿Evidenciar su desconfianza en nosotros? ¿Acaso éramos unos intrusos, una amenaza? ¿Qué demonios pensaría? Ni idea, pero me llevé el DVD y de inmediato estábamos dejándonos los ojos en las imágenes, mal grabadas desde muy lejos. Apenas se le veían las expresiones a Bretón, hierático. Pero, poco a poco, lo logramos. Era cuestión de paciencia y observación. Ahí lo dejo por ahora.

### *Presentación en sociedad*

En mayo de 2011 se convocó oficialmente una rueda de prensa para la presentación formal de la Sección de Análisis de Conducta. En la mesa nos sentamos un comisario, número dos de la Unidad Central de Inteligencia Criminal, mi compañera y yo mismo. El jefe hizo una primera introducción y, para mi sorpresa, dijo que la sección estaba compuesta por dos psicólogos y apoyada por un sociólogo y un estadista. No un estadístico, sino un estadista. Me quedé perplejo. Una vez más.

Después, cuando ya habíamos terminado, le pregunté que por qué dijo aquello y me respondió que le dio reparo decir a la prensa que estaba formada solo por dos personas. En fin. Llegué a ver en las noticias de prensa que se hacían eco de que, en vez de un estadista, mencionaban a un antropólogo. Todos son bienvenidos, pero tampoco hay que volverse locos.

Tras las palabras del jefe, informé a los numerosos periodistas brevemente de cuáles eran nuestras funciones y objetivos, y dejamos un tiempo para las preguntas. El salón estaba lleno, con las cámaras de televisión al fondo. No recuerdo qué preguntas se hicieron, pero sí que fueron unas cuantas.

Momento de la rueda de prensa de presentación de la SAC.

Nuestro gran estreno mediático. Muchos más encuentros de este tipo se produjeron con los años y se siguen dando. El interés de la audiencia por lo criminal y por lo psicológico criminal lo justifica.

Acabada la rueda de prensa, cometí el error de dejar que un grupo de periodistas nos acompañasen al despacho a conocer nuestras instalaciones. Suponía que ver cómo era el lugar de trabajo de psicólogos que investigaban delitos generaba cierta curiosidad, por más que les decíamos que se encontrarían con un par de mesas y dos ordenadores, que la bola de cristal la guardábamos en un armario, lejos de las miradas y de las manos de los curiosos. Ironía, claro.

En el despacho grande, de los dos que teníamos, con espacio para cuatro mesas de trabajo, un armario y una estantería, no cabía nadie más, de tantos como se habían acercado con sus micrófonos y cámaras. Hacían fotos y grababan vídeo. Les atrajo el póster colgado en la pared en el que se mencionaba a Ressler y también la pequeña biblioteca que habíamos comenzado a crear en la estantería, en un lateral, junto a la puerta.

Todo iba bien hasta que una periodista comenzó a preguntar sobre el caso de Marta del Castillo. Lo hizo de un modo cada vez más insistente, llegando a exigir, sí, exigir, que le mostráramos las diligencias. El operador de cámara que la acompañaba enfocaba directamente a la pantalla de mi ordenador mientras ella se ponía cada vez más insistente. Al final, tan agresiva fue su actitud, que logró enfurecerme, y eso no es nada fácil. Tan exaltado logró ponerme que expulsé a todos del despacho. Recuerdo que en ese momento llamaron al teléfono fijo y descolgué. Era un compañero de Policía Local, un buen amigo, al que le tuve que pedir que aguardara a que yo le llamara, porque me encontraba tan alterado que no podía hablar en condiciones.

Lo curioso era que el resto de los periodistas ponía cara de resignación porque parecían conocer perfectamente a la periodista en cuestión y poco a poco fueron abandonando el despacho. A los últimos en salir les pregunté si la conocían y a qué medio pertenecía. Sí, la conocían, reconocieron, y el medio era una de las cadenas de televisión más importantes, no diré cuál. Debí de decir algo así como «vale, ahora lo entiendo».

### *Relaciones con la prensa*

En general, mi relación con la prensa, mientras estaba en el servicio activo, no ha sido todo lo buena que me hubiera gustado y no porque no lo haya querido, sino porque nuestros objetivos han sido contrarios en la gran mayoría de los casos. A los medios les interesan las noticias que están sucediendo, los detalles, los datos, lo actual. Es lógico. Es su trabajo. Lo entiendo. Para los policías que investigan los casos, la discreción es esencial. El hecho de que los delincuentes desconozcan qué datos maneja la Policía es una ventaja. Ahí se produce el choque. Lo que uno desea obtener, el otro trata de ocultarlo.

Pero sería muy injusto si esa idea negativa contaminara toda la relación con los medios porque no todo han sido choques o enfrentamientos. Con muchos periodistas he llegado a trabajar de una manera excepcionalmente buena y profesional. Recuerdo con especial cariño la entrevista que Juan Ramón Lucas me hizo en Radio Nacional de España, aunque, si he de destacar un reportaje, es el que nos hicieron Cruz Morcillo y Pablo Muñoz, para el diario *ABC,* publicado el 15 de mayo de 2011, con foto icónica de Ignacio Gil. Incluyo el enlace web por si alguien tiene curiosidad: https://www.abc.es/espana/abci-mentes-criminales-201105150000_noticia.html.

Otro que tuvo mucha repercusión fue el que redactó Rodrigo Terrasa, con fotos de Olmo Calvo, en el que describen el trabajo de nuestra Sección y la de la Guardia Civil. Este es su enlace: https://www.elmundo.es/papel/historias/2018/02/17/5a842038e5fdeac0188b4580.html.

Entre las fotos de un reportaje y otro hay muchas canas en mi barba. Por algo será.

Luego llegaron otras muchas colaboraciones y reportajes, entrevistas para radio, prensa y apariciones en televisión, como la que destacaré cuando hable del caso de Marta del Castillo, realizada en el programa de Ana Rosa Quintana.

Creo que he llegado a tener ciertas tablas en los estudios de televisión. Las suficientes como para dejarles claro, sobre todo en las emisiones en directo, lo que puedo decir y lo que no, ofreciendo, por el contrario, informaciones que suelen ser atractivas para la audiencia. Un difícil equilibrio que me genera mucha presión porque he de tener mucho cuidado con lo que digo para no entorpecer investigaciones y para fomentar la imagen positiva de la Policía Nacional al mismo tiempo.

Las relaciones continúan hoy en día. Son más agradables y cómodas, más sosegadas porque ya no tengo tanta presión. Me preguntan por casos pasados, incluso de alguno de los casos o de la propia actividad de análisis de conducta se han realizado documentales emitidos por diversas cadenas.

## CAPÍTULO 8

# TRES CASOS DE ESPECIAL RELEVANCIA PARA LA SAC Y UNA VENGANZA

### *Asalto violento a un domicilio*

Uno de los primeros casos en los que se solicitó colaboración a la SAC fue cometido en Huelva. Un inspector de la Policía Judicial nos contactó porque investigaban un asunto que había trascendido a la opinión pública de la ciudad y había generado mucha inquietud. Habían asaltado un domicilio, propiedad de un médico pediatra, habían agredido sexualmente a la empleada de hogar y destrozado enseres, además de proferir amenazas contra él y de haberse apropiado de cierta cantidad de dinero. No era un delito frecuente y sí muy grave.

Contábamos con un importante testigo, la víctima.

Cuando contactaron con nosotros, ya habían avanzado en sus pesquisas y tomado declaración a la que llamaremos R, cuyo relato era, si no me falla la memoria, algo parecido a lo siguiente:

«Estaba planchando. Serían alrededor de las once de la mañana. Llamaron al portero automático. Traían un paquete para el doctor, así que abrí el portal. Luego llamaron al timbre. Vi por la mirilla a un mensajero vestido de negro, con el casco puesto, la visera bajada y una bandolera negra que le cruzaba el pecho. A sus pies, una caja de cartón grande y marrón. Abrí la puerta.

«De pronto, el mensajero extrajo un martillo de la bandolera y acometió contra mí, tirándome al suelo, mientras exclamaba ¡¿La señora? ¿La señora?! Yo apenas acerté a decir que solo era la chacha.

«El hombre me agarró de los pelos y me llevó a rastras al salón. Me sentó en una silla y sacó de la bandolera un rollo de cinta de embalar con la que me ató al respaldo de la silla, me ató los tobillos y me amordazó. Después sacó su teléfono móvil y comenzó a hacerle fotos a los retratos del salón y a los muebles mientras decía que todo eso lo hacía por su niño. Y todo sin quitarse el casco de moto ni subirse la visera.

«Me dejó allí y se fue por el pasillo. Escuché ruidos de cajones y armarios que se abrían. Luego olí humo y, del miedo que sentía, me oriné encima.

«Entonces, regresó al salón. Llevaba el martillo en una mano y un cuchillo en la otra. Llevaba los pantalones desabrochados y el miembro a la vista. Se acercó a mí, me quitó la mordaza y me obligó a hacerle una felación. Eyaculó sobre su ropa, se limpió con los guantes de lana que llevaba puestos y se abrochó los pantalones. Después, volvió a amordazarme.

«Se fue a la cocina. Escuché el grifo y la puerta de la nevera abrirse y cerrarse. Después, sentí la puerta de la casa que se abría y cerraba. Se había marchado.»

Esto fue, más o menos, lo que declaró la mujer. Como ella era la encargada de ir a recoger a los niños, no pudo hacerlo. Desde el colegio llamaron a la madre y esta llamó a su casa, pero R no podía contestar, así que llamó a un vecino de confianza que tenía llaves y este, un profesional de la seguridad privada, entró y se encontró con la víctima.

El vecino, con cuidado de no manipular y contaminar la escena, liberó a la víctima. Se llamó a la familia y a la Policía. El último en llegar fue el doctor. R, nada más verle, fue hacia él, le abrazó y exclamó: «¡Van a por ti y a por los niños!»

En la inspección ocular se pudo apreciar que algunos cajones estaban abiertos y algo de ropa estaba tirada en el suelo. En el cuarto de baño, en la bañera, aparecían levemente quemados diversos objetos: una bata del doctor y una caja con relojes de cierto valor. Estos objetos aparecían cubiertos con agua. Junto a la bañera había un bote de alcohol de quemar.

De donde se extrajo la caja de los relojes, en el armario del dormitorio principal, se sustrajeron, creo recordar, tres mil euros.

Como era de esperar, la familia estaba aterrorizada. La hipótesis inicial indicaba que el padre de un paciente del doctor, que, recordemos, era pediatra, se vengaba de lo que podría haber sido una mala praxis profesional. Esta fue la hipótesis inicial de la investigación, pero no encontraron a nadie que encajara en ella. El doctor no había tenido ningún problema con ningún paciente, salvo uno, pero el padre de esta criatura estaba muy lejos del perfil que R describió y, además, tenía una coartada sólida.

El caso es que la complejidad del asalto llevó a los investigadores a solicitar la asistencia de la SAC y allá que fuimos los dos integrantes que entonces la formábamos.

Lo primero que hicimos, antes de marchar hacia Andalucía, fue analizar la declaración de la víctima. Encontramos algunos puntos que requerían aclaración. Necesitábamos más datos. Elaboramos un guion con los aspectos a tratar y le sugerimos a los investigadores que le tomaran una nueva declaración para ampliar la información.

Así lo hicieron, de tal manera que las dos declaraciones de la víctima nos permitieron hacer un análisis más en profundidad. Aparecieron entonces incoherencias y contradicciones que, sumadas a determinados elementos físicos y conductuales, nos llevaron a pensar que quizá nos encontrábamos ante una simulación. Todavía no habíamos ido al lugar de los hechos y ya le indicábamos por escrito al investigador que, sin dejar de buscar al agresor, siguiera la vía de investigar a la víctima, pero con mucho cuidado, porque solo era una hipótesis.

Acudimos a la casa, hicimos nuestra propia inspección ocular, trabajamos con los investigadores las contradicciones y la investigación avanzó hasta tal punto que la simulación de delito por parte de la víctima cobraba cada vez más fuerza. Incluso se detectó una denuncia de la misma mujer, diez años antes, que coincidía con lo denunciado esta vez salvo la agresión sexual, que ahora se denunciaba y en el caso anterior no.

Ninguna de las acciones que R decía que el agresor había realizado dejó el menor rastro físico, cuando alguna de ellas era inevitable que lo hiciera. La cinta de embalar y el martillo fueron encontrados en una bolsa de plástico en una papelera cercana al domicilio del doctor. Lo encontró un policía en prácticas que debió de sentirse muy orgulloso después de ser felicitado con efusión. Gracias a la bolsa de plástico, se localizó el establecimiento donde se compraron los objetos. Estos habían sido adquiridos el día anterior al asalto en las inmediaciones del domicilio de R.

Estos y otros muchos indicios llegaron a ser suficientes para probar que no hubo asalto. Se encontraban los investigadores ante una denuncia falsa.

Gracias a una buena investigación y a un esmerado análisis de conducta, se logró una línea de trabajo que resultó determinante, aunque la suerte también tuvo su parte. Después del asalto, del presunto asalto, unos vecinos llamaron a la Policía Local para advertir de que en un piso se estaba celebrando una fiesta con gran escándalo. No pudo ir nadie de la Policía Local porque sus indicativos estaban ocupados, por lo que se acercó una patrulla de Policía Nacional.

En el domicilio se encontraban tres ciudadanos de un país latinoamericano y un español, que resultó ser el hijo mayor de R. Cuando los investigadores revisaron los partes de ocurrencias de los patrulleros y encontraron el nombre del hijo en una fiesta el mismo día que a su madre la habían agredido sexualmente, entendieron que había que tomarles declaración. Los tres latinos declararon que la fiesta la montó el español, que él llevó el alcohol y, además, no dejó de jactarse de cómo había conseguido el dinero. Sí, era el dinero robado en casa del doctor.

Y sí, el hijo confesó. Todo lo había preparado su madre para hacerse con ese dinero. Él solo se encargó de ir a la casa, atar a su madre y llevarse el dinero. Todo lo demás, el desorden y la quema de objetos lo había hecho ella. Incluso había dejado el dinero sobre la mesa del salón, esperando a que llegara su hijo para llevárselo.

R no solo no confesó, sino que, por un descuido, coincidió por los pasillos de comisaría con su hijo y trató de abalanzarse sobre él tildándolo de cobarde.

La tercera declaración, antes de la que se tomó a su hijo y en la que confesó, se la realicé yo mismo con el jefe del grupo, después de una concienzuda preparación. Se la citó a comisaría y acudió con una abogada de una asociación de víctimas de agresión sexual.

Además de la entrevista que teníamos planeada en todos su detalles, teníamos pensado pasarle un cuestionario, denominado SIMS, adaptado por los doctores en psicología Héctor González y Pablo Santamaría, el primero de los cuales fue uno de los dos directores de mi tesis doctoral. Este cuestionario está diseñado para detectar si una persona está simulando síntomas de psicosis, deterioro neurológico, trastornos amnésicos, baja inteligencia y trastornos afectivos. Como R estaba en tratamiento psicológico por ansiedad y yo soy psicólogo clínico estaba habilitado para aplicárselo. Ella accedió de buena gana. Al fin y al cabo, seguía siendo la víctima.

Por teléfono indiqué las respuestas a Héctor, y, en tiempo real, hizo la corrección. El resultado fue aplastante. Detectó claramente la simulación de los muchos síntomas que decía padecer como resultado de la agresión sexual sufrida.

Ya sabíamos que mentía. En ese momento, además, teníamos algo concreto que lo reforzaba. Así que le pedí a la abogada que me acompañara un momento a otro despacho. Le conté lo que pensábamos y cómo podíamos probarlo. Incluso le indiqué conductas que seguro que se habían dado en su relación con las profesionales de la asociación y que la abogada reconoció que se habían producido, como una más larga recuperación que otros casos similares, cuya sintomatología empeoraba cuando se aproximaba una cita de revisión, ciertas incoherencias de tipo emocional al hablar con ella y otras similares.

Mi objetivo era que la abogada, viendo que tanto ella como las demás profesionales de la asociación habían sido engañadas por R, se quedara conmigo durante la entrevista para ayudarme a que confesara. Pero no, simplemente, se marchó, dolida y ofendida sin siquiera despedirse de su «cliente».

Así que me tocó tomar la declaración con el inspector a mi lado. R, como dije, no confesó. Lo que sí hizo fue enredarse más y más en sus mentiras hasta llegar a declaraciones absurdas, a llorar mucho y a contradecirse constantemente. Pero no confesó.

Daba igual. Había suficientes elementos como para probar que todo había sido un engaño, sobre todo en cuanto su hijo confesó, lo que llevó a la inmediata detención de ambos por denuncia falsa y por delitos contra la propiedad.

La familia pudo regresar a su casa, de la que se habían marchado por miedo y, para ellos, todo quedó en una historia truculenta, con la desagradable sensación que supone que una persona que durante años gozó de su confianza se convirtió en quien les hizo mucho daño y todo por dinero.

Este caso fue importante para la SAC, no solo porque fue de los primeros y, además, esclarecido, sino porque nos reafirmó en la importancia de los elementos conductuales y psicológicos como determinantes en una investigación. Menciono algunos de ellos.

R dijo haber visto al mensajero por la mirilla y llegó a describir el paquete a sus pies. Reconstruimos esa conducta y resultaba imposible porque por la mirilla no se podía ver más allá de medio cuerpo. También describió al agresor como alguien muy alterado emocionalmente y que, al ver que en la casa no se encontraba la esposa del doctor, se enfureció todavía más. Dado que iba armado con un martillo y que dejó claro que quería cometer daños materiales, nos extrañó muchísimo que no hubiera empleado el martillo para causarlos.

Por otro lado, cuando se vio libre de ataduras y entró el doctor en casa, se abrazó a él para advertirle de que le habían amenazado, cuando ella misma acababa de ser víctima de una agresión sexual. Parecía minimizar la agresión sufrida y maximizar la que sufría el doctor por unas amenazas. Era como si no tuviera conciencia de la gravedad de lo que acababa de sufrir y, en cambio, sí se la atribuía al otro.

Y menciono un tercer dato también muy psicológico. El desorden que había en la casa, que trataba de parecer el registro realizado por una asaltante, era mínimo, casi cuidadoso. La ropa no había sido lanzada desde los cajones, sino dejada caer suavemente. Esta circunstancia psicológica se explica porque R era la empleada del hogar en esa casa y no pudo evitar pensar que le tocaría a ella limpiarlo. No reparó en que se había atribuido ser víctima de una agresión sexual y nadie le habría pedido que limpiara la casa después de lo que le había pasado. Sería inhumano.

R nunca se sintió víctima de nada, porque no lo era, y eso quedó reflejado en su modo de realizar la escenificación del violento asalto.

Sí, este fue una caso importante para la SAC. Salió fortalecida nuestra ilusión y la confianza en nuestro enfoque de investigación. También demostró a nuestros jefes y compañeros que nuestro trabajo podría llegar a ser determinante como herramienta de investigación.

### *El caso de José Bretón*

Después del éxito de Huelva, llegó el espaldarazo definitivo con el caso de José Bretón, aunque no estuvo exento de dificultades.

Os conté que nuestra entrada en el caso vino motivada por la petición del juez instructor. Quería que se analizara la comunicación no verbal del detenido, José Bretón, por el presunto asesinato de sus hijos, Ruth y José, de seis y dos años, respectivamente. Fue condenado en principio a cuarenta años, pero la pena fue rebajada a un máximo de veinticinco años.

Las imágenes del DVD que nos entregaron no eran muy buenas. Estaban tomadas desde muy lejos y desde arriba. Aun así, era una gran oportunidad para nosotros y procedimos a observar su comportamiento según le hacían preguntas en la sede judicial. Costó horrores porque Bretón apenas gesticulaba. Detectar un mínimo gesto era para nosotros un triunfo, de tal manera que, cada vez que lográbamos apreciar algo, por pequeño que fuese, nos esforzábamos al máximo por exprimir su posible significado. Se incluían también las declaraciones de otros testigos del caso. Logramos analizar lo suficiente como para entregar un informe.

También procedimos a analizar su llamada a los servicios de emergencia alertando de la pérdida de sus hijos en un parque. Esta sí que fue mucho más interesante y llena de indicios conductuales. El hecho de que fuera una llamada larga fue todo un tesoro conductual para nosotros.

Sin embargo, el informe más determinante de los que entregamos, que fueron varios, se refería a lo que llamamos Impacto Emocional de Sucesos y su influencia en la toma de decisiones. Según esta técnica, que creamos a partir de este caso, analizamos todos los eventos que había vivido José Bretón y de los que teníamos conocimiento desde el momento en el que su esposa le indicó que deseaba divorciarse hasta el momento en que realizó la llamada a los servicios de emergencia alertando de la desaparición de sus hijos.

La idea de esta técnica era tratar de valorar el estado emocional de Bretón ante los eventos que se sucedían durante la crisis que suponía la separación de su mujer. En el proceso de separación, al parecer, había altibajos o, al menos, intentos por parte de Bretón para revertir la situación.

El objetivo era tratar de dilucidar en qué momento José Bretón habría decidido cometer el hecho criminal. No me refiero a en qué momento se le pasó por la cabeza matar a sus hijos, que eso no teníamos modo de saberlo, sino a en qué momento decidió materializar esa idea. ¿Por qué buscábamos precisamente ese momento?

La respuesta es, una vez más, conductual. Cuando un delincuente decide cometer un hecho delictivo, realiza acciones que lo preparan y, finalmente, que lo ejecutan. En términos de investigación policial, esto puede ser muy interesante porque estas acciones se pueden rastrear ya que dejan evidencias.

En el caso de Bretón, se afirmó, tras el análisis de sus eventos, que decidió materializar su propósito un sábado, después de que su mujer ignorara la carta y las flores que él había enviado como recurso desesperado por recuperar su matrimonio. La frustración de asumir que su relación no tenía modo de arreglarse por la negativa de su mujer se convirtió en ira y esta fue la que le llevó a tomar la decisión de castigarla haciéndole daño donde más le dolía: la vida de sus hijos.

La denominación de violencia vicaria entonces no se contemplaba. La motivación sí era causar daño a la madre, pero que esto no difumine a las indefensas víctimas, sus hijos menores. Son los niños, unas criaturas que entonces tenían dos y seis años, los que murieron y esto es definitivo. Todo ello sin disminuir ni un ápice el dolor de la madre, que me resulta inimaginable.

Es de suponer, por lo tanto, siguiendo con nuestra hipótesis, que, desde ese sábado y hasta el sábado de dos semanas después que llamó a emergencias alegando que sus hijos habían desaparecido, habría realizado lo necesario para preparar y ejecutar el plan que tuviera en mente.

Así, se encargó de acudir a su psiquiatra para que le recetara un medicamento concreto que podría utilizar con sus hijos para dormirles, además de ir a la farmacia a adquirirlo. También se ocupó esos días de comprar la suficiente cantidad de combustible para el horno artesanal que tenía pensado emplear. Esta es la idea de la técnica. Todas estas acciones y otras más, que en estos momentos no recuerdo, pudieron ser rastreadas y, como tales, convertirse en indicios.

Pero falta el elemento más importante. Por mucho que ya se hubieran recogido los huesecillos de las víctimas en la hoguera de la finca de *Las Quemadillas,* no se tenía certeza de que fueran humanos porque se atribuyeron a otros animalillos a través de un análisis forense que meses después se descubrió incorrecto. Se trabajó, así, durante meses, en la creencia de que no se habían localizado los restos de las víctimas. La pregunta acerca de dónde estaban las criaturas seguía en el aire y los investigadores trataban de responderla trabajando duro. Es más, se hicieron registros como aquel en el que el propio Bretón parecía estar de lo más tranquilo, hasta gracioso, pero sin gracia alguna, de un modo absolutamente incongruente con un padre que sostenía que sus hijos habían desaparecido. Al fin y al cabo, era muy consciente de que estaban buscando en lugares equivocados.

La cuestión es que el informe que se realizó desde la SAC sobre el momento de la decisión de Bretón decía en su conclusión algo así como que Bretón era responsable de la desaparición y muerte de sus hijos; que había empleado un medicamento para que perdieran la conciencia o incluso para que fallecieran; y que, y esta era la clave, los cuerpos de las víctimas estarían en aquel lugar donde Bretón hubiera pasado más tiempo en esas dos semanas, más allá de sus actividades cotidianas. Ese lugar era, como se constató después, la finca de *Las Quemadillas*.

El hecho de que la polémica de los huesos se resolviera gracias a determinados exámenes realizados por expertos externos a la institución policial permitió resolver definitivamente el caso. Quedó evidenciada ante la cúpula de la Policía Judicial que los análisis de la Sección de Análisis de Conducta eran certeros, útiles, que lograban añadir valor a las investigaciones y que podían ser defendidos ante cualquier tipo de tribunal porque estaban construidos con solidez y basados en métodos rigurosos.

El propio comisario general de Policía Judicial nos felicitó personalmente por el magnífico trabajo y aquel jefe de la UCDEV que nos entregó reticente el primer material de análisis secundó a su jefe en las felicitaciones, no sé si con sinceridad, que no me lo pareció. Es más, a pesar de que podíamos haber colaborado mucho más en el caso, los que dirigían la investigación, siguiendo la actitud de su jefe, nos veían más como unos intrusos que como unos compañeros con algo que aportar. En cuanto salimos del despacho del comisario general tras la felicitación pública por la excelencia de nuestro informe, volvimos a convertirnos en unos invitados indeseables.

Me viene a la mente una frase que he escuchado demasiadas veces, cuando unos investigadores les indican a sus superiores que existe la SAC y que pueden echarles una mano, una frase descorazonadora, cruel, insolidaria, de mente estrecha. Esos mandos suelen preguntar a sus subordinados: «¿Qué pasa, no podéis vosotros solos?» Si los jefes les plantean esta pregunta, no esperamos que llamen, es obvio.

En cualquier caso, este tipo de actitudes no nos medraban. Al contrario, sabíamos que sería lo habitual y que, además, pasarían años hasta que la estructura policial considerara el análisis de conducta como una herramienta más en el arsenal de las técnicas de investigación. Nunca lo conseguiríamos del todo, eso también es cierto, pero sí lo suficiente como para que no dejáramos de tener solicitudes de colaboración, la principal de nuestras aspiraciones. Solo con el trabajo caso a caso, con esfuerzo, dedicación y responsabilidad se logrará que el análisis de conducta llegue a ser instaurada como una herramienta más, lejos de prejuicios o ideas basadas en mitos.

### *El violador de Ciudad Lineal*

Mucho más complicado es hablar de este caso. Estoy en mi despacho cuando veo que se ha producido la tercera agresión de lo que parece un violador serial muy violento. Las víctimas son niñas muy pequeñas. No puedo quedarme de brazos cruzados esperando a ver si los investigadores piensan en nosotros. Así que voy al despacho de mi jefe y le digo que tenemos que entrar sí o sí, aunque no nos hayan llamado. Me parecía inaceptable que, en un caso tan grave, no se emplearan todas las herramientas disponibles. Él estaba de acuerdo, tomó en ese momento el teléfono y llamó al comisario jefe de la Brigada Provincial de Policía Judicial de Jefatura. Este accedió inmediatamente y nos puso en contacto con quien llevaba la investigación, un inspector jefe.

Cuando llegamos a Jefatura, nos atendieron él y otros dos compañeros. Todo cordialidad, pero cuando les pedimos el material de la investigación, nos entregaron un resumen de un folio y medio, sí, un folio y medio. Sorprendidos, les dijimos que eso no era suficiente, que para hacer el análisis necesitábamos todo lo actuado. Fue entonces cuando uno de los compañeros dijo que todo lo tenía aquí, señalándose la sien. Estábamos tan anonadados que a mi compañera de la SAC le salió del alma:

-¿Y si te da un ictus?

No fuimos bienvenidos en la investigación. Sin embargo, no recuerdo bien cómo, pero entramos de lleno. Supongo que si los jefes habían dado su visto bueno, ya no había marcha atrás. Además, el caso era ya mediático y las lesiones de las víctimas tan graves que nadie podía quedarse fuera si podía aportar algo, por poco que fuera. Tuvimos acceso a toda la información y, sobre todo, a lo más importante, las declaraciones de las niñas y los datos de lugar y tiempo de las agresiones.

Hicimos un primer perfil del agresor desconocido empleando el Método VERA, pero las agresiones continuaron sin que se le identificara. Hubo que entregar un segundo perfil que reforzaba el anterior y añadía nuevas características. Incluso la Unidad de Ciencias del Comportamiento del FBI hizo su perfil y coincidió plenamente con el nuestro, lo que supuso un refuerzo a nuestro método. Cada uno con el suyo llegamos a la misma conclusión. El tiempo incluso mostró lo acertado del perfil incluso en sus pequeños detalles, como lo relacionado con el vehículo de empresa y la casa vacía.

Lo complicado de esta narración viene ahora. No solo la SAC estaba colaborando. Toda la UCIC, sobre todo la Sección de Análisis Operativo, una de cuyas integrantes se puso a analizar ingentes cantidades de información derivada de las torres de telefonía. Así se puso en marcha un trabajo de inteligencia que demostró sus enormes posibilidades.

Mientras los operativos trataban de localizar un determinado vehículo y un inmueble entre miles y miles en una zona enorme de Madrid, la analista detectaba coincidencias en sus análisis técnicos que le proporcionaban una identidad que nos pasaba a la SAC para que elaboráramos un contraperfil. Fuimos desechando individuos que no encajaban con el perfil elaborado hasta que nos pasó la identidad de un individuo que no solo sí encajaba, sino que además vimos que tenía antecedentes con menores, solo que no teníamos acceso a su contenido por ser este protegido. Le devolvimos nuestro resultado a la compañera y esta se lo mandó por escrito a los investigadores con los datos necesarios.

Les dimos un nombre y apellidos, un tipo que encajaba perfectamente con el perfil que se buscaba.

Los investigadores sí tenían acceso a los antecedentes del tipo en cuestión. Se trataba de una agresión muy similar a las que ahora se producían, con lo que se convirtió en el sospechoso principal. El resto lo sacaron adelante los investigadores de una manera brillante porque la cantidad de indicios físicos que obtuvieron de él fueron más que suficientes para lograr una condena.

Lo triste fue que, cuando el caso se resolvió, con el impacto que eso produjo en los medios de comunicación y en la opinión pública, no se hizo ni la menor mención al trabajo de la Unidad de Inteligencia. De hecho, se condecoró a más de cuarenta policías por el éxito, ninguno de ellos de la

UCIC, como si no hubiese intervenido, lo que suponía un evidente desprecio teniendo en cuenta lo determinante de su actuación.

No me invento nada, por mucho que de este caso se hayan hasta escrito libros en los que esta versión se soslaya. Un año después, el comisario general de Policía Judicial, en el acto de imposición de condecoraciones por el que la inspectora recibió la Medalla de Ingreso en la Orden del Mérito Policial con distintivo rojo, nada menos, dijo expresamente que con ese acto se corregía un error. La misma condecoración me fue impuesta a mí ese mismo día con motivo de la creación de la SAC.

Me acuerdo mucho de mi jefa, cuando, antes de que se compensara a la UCIC por el «olvido», tuvo que escuchar de boca de otro comisario general que alababa los medios tradicionales de investigación, el pico y la pala, como dijo, cuando el empleo de la Inteligencia Policial había sido tan determinante que si del pico y la pala hubiera dependido, quién sabe si ese caso hubiese sido resuelto antes de que nuevas víctimas hubieran sufrido un daño irreparable. Qué mal tuvo que sentirse al escuchar esas palabras.

Aprendí muchas cosas de aquel caso. Una, que el Método VERA de elaboración de perfiles de agresores desconocidos no era solo útil, sino que podía llegar a ser muy preciso, proporcionando vías de investigación tan concretas y detalladas que permitían resultados tangibles y objetivos. Otra, que además era válido y fiable porque otras técnicas, como la del FBI, con la misma información obtenían las mismas conclusiones.

Otras lecciones no fueron tan positivas, como el darte cuenta de que si el investigador no desea que colabores con él, si cree que nada puedes aportarle, ya sea por prejuicios, por ego o porque, simplemente, le parece que eso de la psicología en la investigación policial es una excentricidad, la colaboración no va a ir bien porque sin confianza mutua no funciona. Así que aprendí que, si no solicitaban en el futuro la colaboración de la SAC, había que aguantarse las ganas y confiar en que las herramientas tradicionales, el pico y la pala, tuvieran éxito.

Así que se mezclaron diversas emociones, positivas y negativas, pero la cicatriz ahí está. Han pasado los años y todavía hay que convencer a muchos porque no son pocos los que preguntan a sus subordinados, cuando estos les proponen llamar a la SAC, aquello de:

—Qué pasa, ¿es que no podéis vosotros solos?

### *Un fiscal y su récord de victorias*

Aún me cuesta pensar en lo que ocurrió aquella mañana en la que un fiscal llegó hasta mi despacho.

—Yo no soy un fiscal normal —comenzó más o menos así su presentación.

Le siguió un autorretrato que mostraba un ego enorme y, cosa muy de las series de juzgados americanos, que llevaba, como yo, sus propias estadísticas. Estas le informaban, y así me lo transmitió, de que todavía no había perdido ningún caso.

Hasta ahí no había problema. Cada uno es como es.

El caso es que se desplazó desde su destino, en una provincia andaluza, hasta mi despacho en Madrid para decirme en persona lo que tenía en mente. No era sino que me retractara de mi conclusión en un informe de la SAC según el cual dábamos credibilidad a una víctima en un caso que resultó ser muy mediático y del que no daré más detalles.

El fiscal solo tenía nuestro informe. La denuncia a la que se refería el asunto hacía referencia a un hecho cometido hacía años y apenas había posibilidad de lograr indicios físicos. Ante la manifiesta dificultad de llevar el caso adelante, me dejó claro que no quería correr el riesgo de llegar a juicio y perderlo. Rompería sus magníficas tendencias estadísticas.

Me lo dijo así de claro. Quería que cambiara el resultado de nuestro análisis para que él pudiera evitar acusar y que se archivara. Nuestro informe se lo impedía tal cual estaba redactado, salvo riesgo de prevaricar.

No podía creer lo que estaba sucediendo. Por no prevaricar él, o por no arriesgar su «magnífica» carrera como fiscal, me conminaba a prevaricar a mí y a la compañera con la que firmé el informe.

Con la más educada de las formas, le invité a marcharse por el mismo camino que había venido. Eso sí, se cumplió su venganza. El juicio se celebró. No se condenó al acusado porque se concluyó que el delito había prescrito en sus aspectos más graves y los leves no llegaron a ningún sitio.

Eso sí, cuando me tocó el turno de responder a las preguntas, me hizo un interrogatorio de tal dureza que, cuando le tocó el turno al abogado defensor, este no quiso hacer preguntas. El fiscal había hecho su trabajo por él.

No me consuela para nada que se sintiera frustrado por no lograr mantener su récord de victorias. Sería como trivializar su absoluta falta de profesionalidad, cosa que no creo que deba hacer. En cualquier caso, fue duro, muy duro, constatar que personas así antepongan su orgullo y su promoción profesional por encima de la dignidad de las víctimas. Somos servidores públicos y esta denominación se define perfectamente por sí misma: servicio a los demás. En ningún sitio aparece servicio propio o algo por el estilo. Fue un episodio más indignante que triste.

Muchas veces me planteé si no debía de haber dado parte. Aunque no hubiera llegado a ninguna resolución, porque era su palabra contra la mía, quizás habría logrado que, como fiscal, se quedara al margen de ese asunto y pudiera haber sido llevado por otro profesional de la Fiscalía más comprometido con el servicio público que presta.

Será una de las incógnitas que quedarán sin resolver.

## CAPÍTULO 9

# EL CASO DE MARTA DEL CASTILLO

No me resulta fácil tampoco hablar de este caso, pero por otras razones, mucho más íntimas. Quizá, hubo demasiada implicación personal. Es difícil de valorar. Como profesional, pretende uno no involucrarse tanto como para perder la perspectiva, pero tampoco quedarse tan corto que no empatices con las personas implicadas para, así, entender su comportamiento y, a partir de ahí, elaborar buenas hipótesis explicativas. Para mí, este caso es el más claro ejemplo de esta disyuntiva.

Fue el primer caso relevante de la SAC porque entramos en él gracias a que la jefa de la unidad se puso en contacto con los mandos policiales de Sevilla para ofrecer nuestros servicios. Eso fue en las primeras semanas de nuestra andadura. Así que allá que fuimos, la SAC al completo, los dos analistas de conducta que pusieron en marcha un proyecto innovador e ilusionante, a adentrarnos en un caso que, por muy esclarecido judicialmente que esté, sigue incompleto. Aún hay una familia que llora su pérdida sin poder encontrar el alivio de un cuerpo al que llevarle flores.

Difícil contar las veces que fuimos a Sevilla de tantas que fueron.

Recuerdo especialmente algunas de ellas, aunque solo sea por pequeños detalles. Como la primera de todas. Nos presentamos ante el que entonces era el jefe de la Brigada Provincial de Policía Judicial, un comisario, que nos dio la bienvenida y agradecía nuestra colaboración. Allí mismo en su despacho, me preguntó directamente qué pensaba del caso. Ni siquiera nos habíamos reunido con los investigadores, así que no podía darle una respuesta concreta.

Desde fuera de la institución es difícil ponerse en mi lugar en ese momento, porque cómo le explicaba yo a un superior que no podíamos lanzar ninguna hipótesis hasta que no hubiéramos analizado toda la información. Pero lo hice. No era lo que esperaba escuchar, pero qué sabía él entonces lo que podríamos aportar. Le dije, con el debido respeto, que no podríamos responder a esa pregunta hasta que estuviéramos preparados y, de paso, sugerí que trabajar bajo presión no era lo más adecuado para hacer un trabajo impecable, sin errores.

No recuerdo cómo se lo tomó. El caso es que puso todos los medios a nuestra disposición. A partir de ese momento, durante los primeros años, nuestro trabajo se realizó con el miembros del GRUME de Sevilla, unos profesionales a los que llegamos a sentirnos muy unidos, en lo profesional y en lo emocional, en especial con la que era su jefa.

La jefa del GRUME se entregó por completo a satisfacer nuestras peticiones. La confianza mutua llegó a ser, simplemente, absoluta. Si en otros casos quedaba claro que la falta de confianza podía llegar a ser un obstáculo insalvable, en este la conexión con los investigadores fue total y eso contribuyó a la obtención de resultados.

Puso a nuestra disposición toda la información que tenían en su poder. Legajos de documentos de los que hicimos una copia que llevarnos a nuestro despacho en Madrid para analizar. Cientos de folios llenos de informes, diligencias, declaraciones, datos, fotos, etc.

Sin embargo, nos encontramos con un gran problema y era que, cuando nos asignaron la colaboración, la instrucción del caso ya estaba cerrada. Por ello no pudimos entrar a sugerir nuevas vías de investigación o a reforzar las existentes. El caso se había producido hacía un año. Nosotros llegamos tarde a esa fase.

Eso no fue impedimento para entrar en él y aportar lo que pudiéramos. De hecho, establecimos un nuevo objetivo, trabajaríamos para planificar la estrategia de cara al juicio con la Fiscalía y con los compañeros que debían declarar. Sugeriríamos a quién preguntar de los implicados y en qué orden, cómo hacerlo y cómo manejar los indicios existentes. La estrategia que planteamos pronto hubo que cambiarla drásticamente porque el juicio se desdobló en dos, dado que uno de los que iban a ser juzgados era menor de edad, pero esto es otra historia.

En aquellos momentos iniciales, nuestra motivación y, por qué no decirlo, también nuestras dudas nos llevaron a sumergirnos en los datos de un modo absoluto. Hay que recordar que era el año 2010, que la SAC acababa de ser creada, que no teníamos experiencia y que nos movíamos más por intuición que por certezas. Si uno naciera aprendido…

Nos llevó a los dos semanas y semanas estudiar toda esa documentación. Nos iban surgiendo dudas y se las planteábamos a los compañeros de Sevilla que, enseguida, nos las resolvían. Fue un trabajo silencioso de puertas para afuera, pero para mi compañera y para mí fue de una gran intensidad y concentración. Muchísimas horas en silencio en nuestro despacho, compartiendo dudas, a veces, descubrimientos. A medida que nos adentrábamos en el análisis de las declaraciones, de los horarios en los que se habían producido las llamadas telefónicas, de los itinerarios seguidos por unos y otros, sentía que en ese caso llegaría mucho más lejos en la interiorización mental de un delito de lo que jamás había imaginado. Tener tanta información y tan detallada de la comisión de un crimen se convirtió en una especie de ventana temporal a través de la que ver y sentir las conductas de personas concretas y las consecuencias que esos actos provocaban. Sentía que en verdad aquello que hacíamos tenía un enorme potencial. Por muy psicológico que fuera, también era tangible, operativo.

Nuestro primer informe del caso trataba de poner en orden todo lo investigado y así nos lo hicieron ver los compañeros del GRUME. Sus comentarios iban en este sentido. De pronto, nos decían, todo el caso cobraba sentido, estaba claro, eliminado lo superfluo de lo relevante. Es más, emplearon el informe para clarificar el papel que debían jugar durante el juicio oral porque lo que cada uno había realizado parcialmente, porque era tanto el trabajo que había que dividirlo, ahora, todos veían el conjunto que suponía aquel hecho delictivo. Era difícil sentirse más satisfecho.

*Un caso, dos juicios... dos verdades*

De cara al juicio y a la estrategia que preparábamos con la Fiscalía surgió un inconveniente. No habría un juicio, sino dos, como he señalado y bien sabéis. Uno para enjuiciar al Cuco, menor de edad, y otro para el resto de inculpados, todos mayores de edad. Así que nos organizamos con la Fiscalía, ahora con dos fiscales, para organizar ambos juicios.

Recuerdo uno de los días de trabajo en el que planteé a los fiscales la siguiente pregunta:

—Si vamos a enjuiciar un mismo hecho, pero en dos actos diferentes, ¿los hechos probados en un juicio serán considerados hechos probados en el otro ya que tratan de los mismos actos de los que se acusan a las mismas personas?

—No —respondieron al unísono y rápidamente, sonriendo ante mi ingenuidad—, no, porque en nuestro sistema judicial prima la libre valoración de la prueba y esta es ejercida por miembros de tribunales distintos.

Esta respuesta siempre me ha confundido, no por lo que dijeran estos dos profesionales, que lo que dicen es absolutamente cierto, sino por el hecho que supone que se enjuicie a las mismas personas, sobre un mismo hecho, presentando los mismos indicios, pero ante personas distintas. En un mundo ideal entiendo que si todo es igual a la hora de enjuiciar, diferentes tribunales deberían llegar a la misma conclusión. Pero no es así. En el momento en que los miembros de ambos tribunales son personas diferentes, la posibilidad de discrepancias entre una sentencia y otra es más que posible. Desde un punto de vista psicológico, las hipótesis explicativas son amplias y están muy investigadas desde el ámbito científico. Invito al lector a que realice una búsqueda partiendo del criterio «variables implicadas en las decisiones judiciales» y se encontrará con numerosas investigaciones al respecto.

No trato de confundirte, lector. Es más, ahí están las sentencias del caso del Cuco y la de los adultos, en la que condenan al primero por encubrimiento y al segundo por asesinato respectivamente. Si lees ambas sentencias, verás que hay discrepancias entre ellas, como, por ejemplo, sobre quién se encontraba en el domicilio de Miguel cuando el cuerpo de Marta todavía estaba allí; sobre quién ayudó a Miguel a ocultar el cuerpo o a qué hora se produjo esta ocultación. Cuanto más tiempo pasa, menos entiendo esta circunstancia. Me parece algo irreal eso de la verdad judicial y, sin embargo,...

### *La búsqueda de Marta*

Miguel Carcaño fue sentenciado a más de veinte años de prisión. Mientras escribo estas líneas cumple su condena en la prisión de Herrera de La Mancha y se le deniegan sistemáticamente las solicitudes de permiso con el argumento de que no colabora con la familia de la víctima en el descubrimiento de sus restos mortales.

Tuve ocasión con mis compañeras de la SAC de analizar las múltiples versiones que dio durante años sobre el paradero de Marta. Esas versiones también se referían a lo ocurrido en su domicilio de León XIII. Tantas mentiras que escondieron algunas verdades hasta que llegó un momento en que no se sabía cuáles eran unas y cuáles otras.

Cada una de esas versiones fue meticulosamente analizada según nuestros conocimientos y experiencia. Fueron muchos los intentos por convencerle de que nos diera la versión verdadera. Para ello, fueron múltiples los argumentos empleados, desde la compasión por la familia, a la liberación de su sentimiento de culpa, pasando por la moral que nos incita a hacer lo correcto y por la posibilidad de obtener beneficios penitenciarios.

Se recurrió a las personas que parecían tener con él cierta confianza, como fueron sus abogadas en los primeros años.

Los padres de Marta han intentado otros tantos múltiples argumentos para convencerle, desde los más sentimentales a los más materialistas.

Hace tiempo perdí el interés por contar el número exacto de versiones que llegó a dar. Fueron tantas que ya ninguna parece ser válida, en un macabro y cruel desvarío que a él ninguna ventaja proporciona, pero que sí causa muchísimo dolor.

La Policía Nacional, aun siendo consciente de que el asesinato de Marta era un hecho criminal esclarecido, juzgado y sentenciado y cuyo autor material cumplía una severa condena a pesar de no haberse encontrado el cuerpo de la víctima, asumió como un deber continuar con su búsqueda hasta que fuese encontrada. A ese esfuerzo me consta que se siguen empleando medios humanos y materiales aprovechando la pieza separada que la autoridad judicial ha decretado precisamente para llevar a cabo esa búsqueda.

Con sincero dolor, creo que estos últimos intentos son estériles porque ya se han quemado todos los indicios disponibles y, mientras que no aparezca nueva información, válida, contrastada y útil, creo que será imposible. En realidad, solo quien realmente sabe dónde se ocultó definitivamente el cuerpo puede resolver este enigma y ofrecer un mínimo consuelo.

### *¿Hipnosis? No será porque no lo hemos intentado todo*

No recuerdo si fue antes o después de la prueba P-300. Para el caso da igual. Si cualquier opción podía proporcionarnos algo de información o certeza, la considerábamos. Nadie podría reprocharnos nada porque todo lo intentamos. Y sí, a Miguel Carcaño se le llegó a hipnotizar. Así fue este episodio.

A un buen amigo mío, psicólogo y una de las personas que más sabe de hipnosis aplicada al ámbito clínico, le planteé la posibilidad de hipnotizar a Carcaño para maximizar la calidad de su recuerdo de aquella noche, aprovechando, una vez más, su tendencia a colaborar.

Planteamos a la superioridad, con una potente justificación, la posibilidad de emplear la hipnosis a Carcaño y nos la concedieron. Instituciones Penitenciarias también nos concedió permiso para sacar a Miguel de prisión el tiempo suficiente como para llevarla a cabo.

Fuimos muy discretos. La prueba se realizó a altas horas de la noche en el despacho del comisario jefe de la Brigada Provincial de Policía Judicial de Sevilla para que la actividad a nuestro alrededor fuese la mínima, porque cualquier interrupción arruinaría el intento. Estuvimos presentes, además del jefe, la jefa del GRUME y algunos de los miembros del ese grupo, las dos abogadas de Miguel, mi compañera y yo, acompañando al psicólogo, de cuya pericia dependían nuestras ilusiones.

Al especialista se le había indicado previamente lo que nos interesaba. No podíamos entrar para nada en lo concerniente a la muerte de Marta. Esto sabíamos que ni estaba autorizado ni podía proporcionarnos ninguna ventaja. El objetivo era saber qué hizo Miguel después, saber qué fue del paradero de la niña.

Antes de comenzar, con un Miguel Carcaño siempre colaborador, debatí con el psicólogo la posibilidad de pasarle el cuestionario SIMS. Queríamos valorar si existía la posibilidad de que estuviera mintiendo acerca de ciertos síntomas relacionados con la depresión o la ansiedad. Decidimos que sí, que toda información era útil, así que se le pasó.

El resultado no nos sorprendió en absoluto y nos hizo entrar en más dudas. El resultado del cuestionario fue contundente: Miguel simulaba síntomas. Miguel mentía. Una vez más.

Ciertamente, dudamos ambos si seguir adelante con la hipnosis. Ya teníamos claro que seguía mintiendo y lo más probable era que siguiera haciéndolo.

Es muy importante señalar que en estado de trance hipnótico, la persona es dueña absoluta de su voluntad. Es decir, que nada afecta a su motivación ni a su voluntad ni a su capacidad de decisión. Lo que sí hace la hipnosis es eliminar las capas de pensamientos, sensaciones y emociones que impiden la concentración en un objetivo, en este caso el relato de unos hechos, sobre todo si estos no se recuerdan bien. Ese era nuestro plan.

Con esto quiero decir que si Miguel quisiera seguir mintiendo aun estando en trance, podría hacerlo sin ningún problema. Es más, concentrado en su relato, podría elaborarlo incluso con más calidad porque estaría mucho más concentrado en sus pensamientos sin que otros factores le distrajeran.

Pero no habíamos luchado contra tantos obstáculos como para no intentarlo a pesar de que todo parecía indicar que la suerte estaba en nuestra contra. Os podéis imaginar que convencer a la superioridad de este empeño no fue fácil, ni muchísimo menos. No suele haber muchas sesiones de hipnosis en comisarías. Y por ello seguimos adelante.

Miguel fue tumbado boca arriba en un sofá, cómodo y relajado. Solo el psicólogo estaba a su lado. Todos los demás, tan expectantes como en silencio. Entró fácilmente en trance siguiendo las indicaciones del experto. El estado hipnótico fue real, más allá de toda duda, porque se le indicó al inicio que levantara el brazo derecho y lo mantuviera a 90 grados del cuerpo, es decir, perpendicular. Durante toda la sesión mantuvo el brazo en esta posición y ni siquiera temblaba. Duró cerca de una hora. Eso es imposible de simular.

No dijo nada determinante. Los datos que proporcionó del recorrido realizado fueron escasos y confusos. Todo parecía indicar que entre la oscuridad de la noche y que él pasó todo el recorrido cabizbajo, apenas dio alguna referencia útil.

Una vez más, tanto esfuerzo resultó estéril.

Me han preguntado numerosas veces cómo puede ser que Carcaño sea siempre tan colaborador y, al mismo tiempo, parecer que nunca acaba de decir la verdad. Esa noche me quedó claro por qué o, al menos, uno de los porqués.

En un momento de la noche, cuando estábamos todos agotados de tanta tensión y expectativa, miré a Miguel. Estaba sentado ante una mesa de reuniones. Se estaba comiendo una hamburguesa que le habíamos comprado para cenar y bebiendo refrescos. Recuerdo que nos habían regalado muchísimas chocolatinas que estaban amontonadas en el centro de la mesa. Dio buena cuenta de algunas de ellas como postre. Le vi feliz, comiendo lo que estaba claro que le gustaba, fuera de prisión, relajado. Teniendo en cuenta cómo debían de ser sus noches y sus días en la cárcel, estar allí, tranquilo, disfrutando patatas fritas con kétchup y chocolate, bien creo yo que es buena razón para decir a todo que sí.

### *La máquina de la verdad*

Para continuar con el caso de Marta, hay que hablar de otro caso, el de Antonio Losilla, condenado por matar a su mujer y cuyo cuerpo sigue hoy sin ser encontrado. No existe ninguna relación entre Losilla y Carcaño. El nexo es únicamente una prueba clínica, de tipo neurológico, que analiza la presencia o no y con qué intensidad de los potenciales cognitivos evocados, en concreto los potenciales denominados P-300, porque aparecen a los 300 milisegundos de presentado un estímulo al sujeto. Fue empleado por primera vez en España en el ámbito judicial con el caso de Antonio Losilla y después se le aplicó a Carcaño. La prensa lo llamó *la máquina de la verdad,* un nombre que atraerá a la audiencia, pero que a mí siempre me pareció horrible.

Este caso también tiene sus casualidades. Lo hablábamos antes. Sí, las casualidades existen. A veces nos vienen bien y a veces nos complican mucho la vida.

Losilla mató a su mujer y ocultó su cuerpo. Se mantuvo callado hasta que un familiar de ella denunció su desaparición. Cuando la policía le llamó para informarle de que habían denunciado su ausencia, él afirmó que ella se había marchado y ese mismo día fue a poner la denuncia. A partir de ahí, un cúmulo de contradicciones por su parte unido a la ausencia absoluta de datos de actividad por parte de ella, hicieron pensar que él tenía alguna responsabilidad en su desaparición. Los indicios eran escasos y pasaron las semanas sin que se avanzara de un modo claro en la investigación. Hasta que se produjo la casualidad.

En un pueblo cercano a la localidad donde vivía Losilla con Pilar, su esposa y víctima, apareció un cuerpo de mujer, descuartizado y enterrado. Todos los datos de este cadáver señalaban a Pilar, de tal manera que el juez de instrucción ordenó la inmediata detención de Antonio antes de que se publicara el hallazgo y reaccionara.

Así que se le detuvo. Fue en la calle y ni se inmutó cuando los investigadores le informaron de sus derechos. Pidió permiso para llevar al perro a casa, porque lo estaba paseando.

De alguna manera, alguno de los policías debió de decirle que habían encontrado a Pilar y que su cuerpo estaba descuartizado porque al día siguiente, acompañado por los investigadores para proceder a una reconstrucción en su domicilio, Losilla pidió con tranquilidad que escucharan su confesión.

Estaban en la cochera de la casa, sentados él y el secretario judicial en sillas ante una mesa de plástico. A su alrededor, los investigadores del Grupo de Homicidios y los de Policía Científica escuchaban, entre sorprendidos y satisfechos, su confesión, mientras uno de estos la grababa en vídeo.

Con una frialdad llamativa, Losilla declaró que su matrimonio tenía problemas y que Pilar deseaba vender sus joyas porque se quería marchar. Casi estoy tentado de poner algunas de sus frases textuales, de tantas veces que escuché y vi su confesión. Esas frases acabaron en un informe que se incluyó en el atestado y de aquí pasaron al sumario. Lo sé bien porque en el juicio fuimos preguntados literalmente por cada una de las frases que él pronunció y nosotros analizamos.

El caso es que, a su modo, afirmó que, con las joyas en la mano, hubo un forcejeo y que la empujó. Pilar cayó y se golpeó contra la manilla de una puerta y se desplomó en el suelo. Le salía sangre, «pero muy poca», recalcó Losilla, de un oído. Dijo que se asustó y que fue a llamar a la Guardia Civil, que incluso tecleó alguno de los números de teléfono, pero que desistió y se fue a dar un paseo para despejar la mente.

Al regresar, en la cochera, sobre la mesa, dio «solución a Pilar», como él mismo afirmó. Sobre la mesa en la que estaban sentados ahora él y el secretario, colocó un plástico; llevó a Pilar hasta allí después de asegurarse de que estaba muerta, y comenzó a diseccionarla. Sí, empleó esta palabra y no descuartizarla. No sé qué pensaría el secretario al saberse escribiendo sobre la mesa donde el cuerpo de Pilar fue desmembrado.

El caso es que, después, introdujo los pedazos del cuerpo en bolsas de basura, que rellenó con una espuma aislante, tomó su coche y condujo por Zaragoza y alrededores depositando bolsas en contenedores de basura y de obra.

Al acabar, se cruzó de brazos y preguntó si querían saber algo más.

¿Por qué confesó?

Mi teoría es que estaba convencido de que la Policía había encontrado el cuerpo de Pilar y necesitaba minimizar los daños. Eligió mencionar el accidente, pero no tuvo más remedio que confesar la verdad de la ocultación del cuerpo porque no tenía dudas de que había sido encontrado... descuartizado. ¿Cómo podía estar tan convencido de ello? Porque él ya sabía que la Policía era capaz de encontrar incluso pequeños objetos tirados en contenedores de basura, algo que él había hecho con el teléfono móvil de su mujer, dispositivo que había sido recuperado.

¿Y la causalidad? Pues la casualidad vino cuando el informe de ADN del cuerpo descuartizado que se había encontrado dictaminaba que no correspondía a Pilar. Cómo recuerdo exclamar al jefe del Grupo de Homicidios si no podía haber habido algún error, que no era normal que todos los datos coincidieran con Pilar, pero que no fuese su cuerpo. No, no hubo error. De pronto, carecían de cuerpo en el caso de Losilla y se encontraron con otro homicidio. Suerte que este se resolvió rápidamente.

El caso era que Losilla estaba detenido y que había confesado y de pronto, al ver la fotografía del periódico en el que se informaba del descubrimiento de un cadáver descuartizado, con una calma aplastante, señaló la foto y dijo: «Esa no es Pilar» y se cruzó de brazos.

No me detengo en más detalles de la investigación, orientados sobre todo a obtener indicios que demostraran que hubo premeditación por su parte. Fue condenado, de hecho, por homicidio. Lo que aquí me interesa y que se relaciona con el caso de Marta del Castillo es el empleo de la P-300.

A ella se llegó porque los investigadores, que desconocían la existencia entonces de la SAC, pidieron asesoramiento a la psicóloga forense del Juzgado y esta trabajaba en común con un neuropsicólogo, al que debió de comentarle el caso y, sobre todo, la búsqueda del cuerpo de la víctima. El neuropsicólogo, con gran perspicacia, señaló que era un asunto ideal para emplear la técnica de los potenciales evocados, que se usaban sistemáticamente en clínica, pero nunca en el ámbito criminal. Convenció a los investigadores de ello y estos al juez de instrucción de tal manera que organizaron y llevaron a cabo la prueba en el Hospital Miguel Servet, de Zaragoza.

Yo no participé en la elaboración de la prueba, pero sí estuve presente y aprendí lo necesario para aplicarla a otros casos, como el de Marta.

En el caso de Losilla no logró el resultado esperado, pero eso no me desanimó y me puse manos a la obra para llevarla a cabo.

### *La prueba P-300*

No me voy a detener en explicar en qué se fundamenta la prueba porque técnicamente es de una complejidad que excede al propósito de este libro. Sí mencionaré sus elementos principales.

La hipótesis principal se basa en que si al individuo en cuestión le mostramos una serie de estímulos visuales, unas imágenes por ejemplo, su cerebro reaccionará cuando encuentre aquel que es de su interés por encima de los demás. Esto se traduce en que si a un sospechoso de asesinato le mostramos una imagen del arma del crimen junto a imágenes de otras armas similares, su cerebro reconocerá la que empleó y eso quedará registrado en su actividad eléctrica cerebral, que puede cuantificarse en términos de tiempos de reacción y representarse gráficamente.

Si en el caso de Losilla las dudas de su validez judicial eran notorias porque del resultado de la prueba podían obtenerse elementos incriminatorios, lo que podría vulnerar el derecho a no declararse culpable, aunque hubiera firmado un consentimiento, en el caso de Carcaño no existían porque ya había sido juzgado y no había modo de volver a incriminarle. Firmó que lo haría voluntariamente y nos organizamos para llevarla a cabo.

Los investigadores del caso tenían un listado de lugares que podrían haber sido empleados para ocultar el cuerpo de Marta. Ya no recuerdo exactamente cuántos se consideraron, pero sí que fueron más de una docena, creo que quince o diecisiete. Cada lugar potencial se emparejó a otro lugar ya descartado porque se había buscado en él. Para cada pareja de lugares se elaboró un archivo en *Power Point*. Cada presentación mostraba al azar cada uno de los dos lugares emparejados durante unos segundos. Además, cada lugar era definido de tres modos: solo con una imagen del lugar, solo con una descripción escrita del lugar o con una foto y su descripción escrita debajo.

Desconozco si parece sencillo o no, pero la elaboración de la prueba, con toda la complejidad técnica más la operativa policial que hubo que montar llevó todo un año de preparación. Todo lo que tenía que ver con el caso se difundía mediáticamente. Como los medios de comunicación conocían el empleo de la «máquina de la verdad» del caso de Losilla, al conocer que se le aplicaría a Carcaño, el furor mediático era seguro.

**El test a Carcaño en el Servet da reacciones «claras» ante fotos y frases sobre Marta del Castillo**

- La prueba realizada en Zaragoza es una de las últimas opciones para encontrar el cadáver de la víctima
- Un grupo abucheó a las puertas del hospital al asesino confeso, que se mostró «sereno y colaborador»

Portada del *Heraldo de Aragón* del 7 de marzo de 2014.

Cada *Power Point* fue medido al segundo. Cada lugar fue diseñado pensando en el modo en que Carcaño lo conociera. De nada serviría mencionarle un solar en un punto kilométrico de una carretera. Había que mostrarla como él podría conocerla. Luego veréis exactamente a qué me refiero. Solo yo sabía el orden en el que los lugares iban a ser mostrados. Quería controlar al máximo cada paso. No solo los medios estaban atentos. La presión por obtener resultados era muy grande. Era una enorme apuesta la que habíamos puesto sobre la mesa y eso se apreciaba en el estrés que padecimos esa temporada.

Se fue a realizar de nuevo en el Hospital Miguel Servet de Zaragoza, con su equipo de especialistas, por lo que hubo que organizar la salida de Carcaño de su prisión en Castilla hasta una prisión zaragozana y de ahí hasta el centro sanitario. Todo un dispositivo policial se había montado en el hospital, de tal modo que la planta de neurología esa tarde dejó de dar servicio por motivos del dispositivo. La prensa inundaba las inmediaciones.

Se realizaría a las cuatro de la tarde. Comí con los compañeros de Sevilla y los que nos acompañaban de Zaragoza en la comisaría de la capital aragonesa. Recuerdo que de primero me pedí una sopa y, en un momento dado, vi que apenas podía tomarla de tanto que me temblaba la mano.

Llegó el momento. Carcaño fue conducido al hospital. La jefa del GRUME a su lado todo el tiempo. En la sala acondicionada había dos habitaciones. En una, pequeña y a oscuras, estaría sentado Miguel frente a una pantalla de ordenador. En su cabeza le colocaron un gorro de tela con los sensores cuyos cables llegaban hasta un aparato receptor. Los datos de su actividad cerebral así recogida irían a parar a un ordenador en la habitación grande donde estábamos todos los demás implicados: las abogadas de Carcaño, los investigadores del caso, las enfermeras encargadas de realizar la prueba, el neurólogo y no sé cuántas personas más. Eran muchas porque mucha era la expectación.

El ordenador estaba conectado a tres pantallas. En una se vería cada *Power Point* presentado, tal como lo veía Carcaño; en otra se vería su electroencefalograma según se iba recogiendo, lo que permitía al neuropsicólogo valorar su actividad cerebral en tiempo real y, sobre todo, detectar si Carcaño prestaba atención o se dormía, y en el último monitor, con cámara de visión nocturna, se vería el rostro de Miguel.

Así que, una a una, le fueron mostradas todas las presentaciones. Cada una duraba cerca de un minuto. Cada una contenía cuarenta diapositivas, de las que veinte correspondían a las parejas de lugares y las otras veinte eran fondos de color azul con un punto amarillo en el centro que funcionaban como transición entre un lugar y otro. Cada visualización por Carcaño generaba un electroencefalograma que las enfermeras se encargarían de depurar informáticamente para detectar, si se había producido, algún potencial 300.

La depuración de los electroencefalogramas comenzó a hacerse mientras a Miguel le quitaban el gorrito. Quiero recordaros que solo yo conocía el orden de la presentación, así que, cuando al depurar la primera de ellas, en la que yo había colocado como lugar potencial el que los investigadores pensaban que tenía mayores posibilidades, apareció una onda P-300 perfectamente delineada, el neuropsicólogo exclamó que nunca había visto una onda tan preciosa como aquella. Yo, que no me separaba de su lado ni un segundo, comprendí que había reaccionado significativamente a ese emplazamiento potencial en el que los investigadores descansaban sus esperanzas.

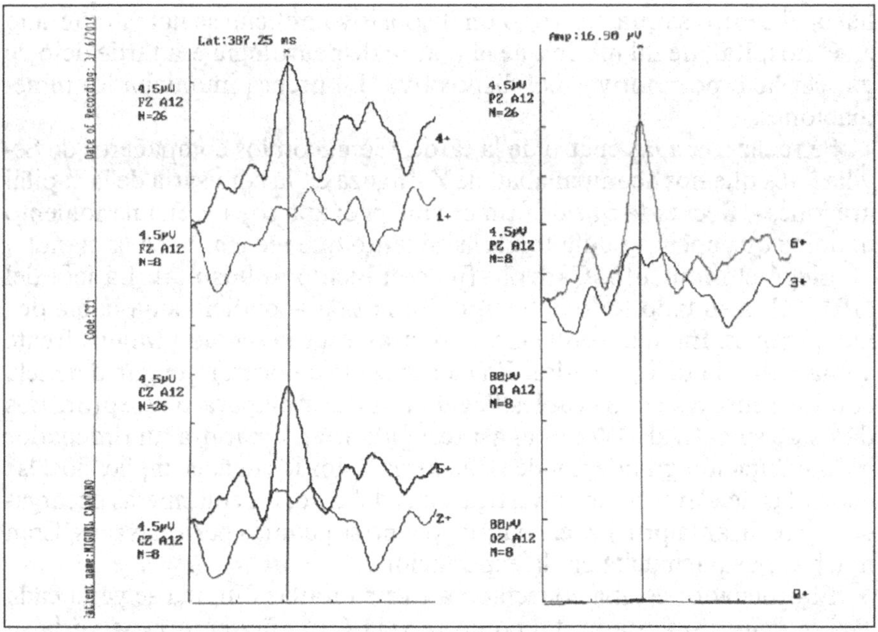

Potencial P-300 asociado al primer archivo presentado a Carcaño.

La excitación que sentí debió de ser tan evidente que la jefa del GRUME se acercó a mí nerviosa y sacudiéndome de los brazos me preguntó:

—¿Qué es eso, Juan? ¿Qué es eso?

—Eso… eso es bueno —acerté a decir, pendiente más de la pantalla que de otra cosa.

En ese momento, la inspectora fue al cuarto donde esperaba Miguel y, a solas con él, le dijo:

—Miguel, la máquina ya me ha dicho dónde está Marta. Ahora quiero que me lo digas tú.

Y Miguel respondió.

—En la escombrera.

Sí, de todos los lugares posibles, la escombrera de Camas era la que contaba con más posibilidades. Al elaborar las presentaciones, cada una en sus tres modalidades, la escombrera había sido designada como «la escombrera que está pasado el puente viejo de Camas», con una foto del lugar. Otras de las presentaciones hacían referencia al potencial estado de Marta, como «Marta está debajo del agua», «Marta está cubierta de escombros». Tratamos de cubrir todas las posibilidades.

Como la depuración de los encefalogramas de cada presentación conllevaba un proceso laborioso, la mayoría de los presentes se marchó de la sala. Nos quedamos solo los que teníamos algo concreto que hacer allí, porque a Miguel se lo llevaron de vuelta a prisión.

El caso es que el neuropsicólogo se llevó un archivo que contenía los datos numéricos de cada presentación, en el que los lugares habían sido designados solo con una letra. De esa manera, él haría un estudio estadístico sobre los tiempos de reacción del cerebro de Carcaño ante los distintos estímulos intentando encontrar significaciones estadísticas sin saber a qué correspondían en realidad los datos. Días después, me envió un informe.

De todas las presentaciones, con todas las alternativas posibles, el cerebro de Carcaño había reaccionado con un potencial cognitivo estadísticamente significativo tres veces. Las tres se referían a la escombrera de Camas y a que Marta estaba cubierta de escombros.

En aquellos momentos, era imposible negar lo que creíamos una evidencia científica. De todas las posibilidades, solo hubo reacción a la escombrera y además de un modo significativo. Además, cuando, antes de conocer los datos, la jefa del GRUME le preguntó directamente a Carcaño, este pudo haber mencionado cualquiera de las muchas alternativas, pero fue la escombrera la que nombró. En la SAC no teníamos ninguna duda. Marta debía de estar en la escombrera.

*La búsqueda y el programa de televisión.*

En aquel momento lo tenía tan claro que era imposible no sentir esperanza. Todos los esfuerzos de un año dedicados a esa prueba, desde el planteamiento como una idea arriesgada hasta el análisis estadístico de los datos de la prueba al final, parecían tener resultado. Y este parecía ser bueno, por fin.

Así que se comenzó a buscar en la escombrera pasado el puente viejo de Camas. Fue un servicio policial muy penoso. Día tras día durante muchos meses, primavera, verano, otoño e invierno, en Sevilla, cuya climatología puede ser despiadada si estás trabajando a la intemperie en una escombrera. Una excavadora introducía su balde dentado en la tierra poblada de escombros, mientras un policía a corta distancia observaba el lugar de la hendidura esperando que apareciera el menor rastro para detener la máquina y revisar más despacio y con cuidado.

Yo solo estuve un par de veces acompañándolos y puedo asegurar que cada vez que la pala se levantaba del suelo esperaba ver a Marta. Y como eso no pasaba nunca, sentía idéntica frustración con cada una de las paladas. La situación era hipnótica y no se podía dejar de mirar, de esperanzarse y de frustrarse. Por más días que pasaban, esas sensaciones no desaparecían.

Los meses transcurrían. No había descanso, salvo porque la máquina se averiara o porque la climatología lo impidiera. Días, semanas, meses... y el cuerpo no aparecía.

Cierto día recibimos en la SAC una invitación para acudir al programa de Ana Rosa Quintana, en Tele5. En principio, solicitaban algo habitual, una pequeña entrevista de no más de veinte minutos en directo para hablar de nuestras funciones. Accedimos en cuanto nos dieron permiso desde el Departamento de Prensa.

Recuerdo bien que la entrevista sería un jueves. Después, llamaron para decir que si lo podíamos aplazar al viernes. Por mi parte, pues iría yo, no había problema. Al poco tiempo, vuelven a llamar, que si lo podíamos dejar para el lunes siguiente, que la actualidad mandaba y les obligaba a reprogramar. Claro, accedí. Qué más me daba un día que otro.

El caso es que ese domingo, a las diez de la noche, recibí una llamada de mi jefa para informarme de que se había detenido la búsqueda en la escombrera. Mi primer pensamiento fue que se había vuelto a averiar la excavadora o que algún compañero se había lesionado, algo de este tipo.

—Han encontrado huesos —me informó—, y, como mañana vas a la tele, para que veas cómo gestionarlo, que en breve lo sabrán ellos también.

No recuerdo qué pensé, pero sí que me puse muy nervioso. Habían encontrado huesos. No me había dado más información porque en esos momentos no había mucha más. Pero, después de todo lo trabajado, solo podían ser de Marta. O eso me empeñaba en creer.

Al día siguiente, lo que se suponía que iba a ser una entrevista de quince minutos se convirtió en toda la mañana, lo que duró el programa. Tuve tiempo de explicar en él lo compleja que había sido la prueba de los potenciales evocados mientras la búsqueda se emitía en directo. La escombrera se había llenado de periodistas mientras los policías buscaban con especial atención y cuidado en el lugar donde se habían encontrado los huesos, que eran analizados con urgencia.

El programa avanzaba. Pasaban las horas. Se daba una y otra vez la misma información en tanto se conseguían nuevos datos. La excitación de todos era evidente. Todo parecía indicar que sí, que esta vez se había localizado a Marta.

No me puedo ni imaginar cómo lo vivieron los familiares de la niña, entre ansiosos por que les confirmaran que se trataba de ella y temerosos de que, una vez más, se frustraran sus expectativas.

Las mías eran enormes. Luchaba contra la prudencia, pero esta perdía la batalla.

Captura de pantalla del programa de Ana Rosa Quintana en Tele5.

Hasta que llegó un dato al plató a través de los enviados especiales al lugar. Cuando mencionaron que los huesos encontrados estaban desnudos, todo mi entusiasmo cayó en picado hasta hundirse en el subsuelo más profundo. No cuadraba que los huesos hubieran sido encontrados sin algún tejido que los envolviera porque estábamos convencidos de que Marta había sido enterrada vestida y envuelta en una alfombra o en una manta. No tenía sentido que sus huesos aparecieran solos, desnudos.

La frustración se convirtió en dolor cuando se mencionó que aquellos huesos tenían unos cien años de antigüedad.

No, no era Marta.

El programa se cerró sin poder dar la buena noticia. Eso sí, Ana Rosa me dio un abrazo. Le acababan de comunicar la audiencia que el programa había obtenido y esta era, por lo visto, espectacular.

Todo me parecía injusto y cruel. Pero había que seguir buscando.

Algo se había roto en mí en relación con el caso, lo reconozco y quedó certificado cuando la escombrera terminó de tamizarse completamente. Fue un momento amargo como pocos.

Solo entonces reconocí mi error y fue un error en el uso del tiempo verbal. Sigo convencido de que la P-300 funcionó, de que lo habíamos hecho bien, pero equivoqué la frase. Donde dije «Marta está enterrada en la escombrera» debería de haber dicho «Marta fue enterrada en la escombrera».

A nivel académico, o más bien, en cuanto al rigor metodológico de la prueba que desde la universidad exigían, la prueba adolecía de aspectos que en un laboratorio habrían sido considerados. En el laboratorio se intentan controlar todas las variables implicadas. Pero estábamos ante un caso real y eso es imposible. Sin embargo, ni siquiera hoy soy capaz de quitarme de la cabeza tres aspectos: la onda P-300 que surgió con el primer ítem, la escombrera; la respuesta de Carcaño a la jefa del GRUME señalando la escombrera cuando había más de una docena de posibilidades; y el resultado estadístico que señalaba la significación precisamente de las reacciones eléctrico-cerebrales en los tres ítems que mencionaban a la escombrera.

Para mí la conclusión era muy clara. Marta estuvo en algún momento enterrada en ese lugar de camino a Camas. Lo que pudo ocurrir después con su cuerpo no tengo modo de saberlo.

### *Seguimos, pero se acababan las opciones*

La búsqueda de Marta siguió. La autoridad judicial concedió apoyo separando una pieza específica del resto del caso. Darían todas las facilidades legales con una condición y esta era que no se podía implicar para nada a los adultos que ya habían sido juzgados y absueltos. Así que solo quedaba un camino: Miguel Carcaño.

De esta pieza separada se encargó el Grupo de Homicidios de Sevilla. El GRUME quedó liberado de esta tarea, después de tantos años de esfuerzo y desvelos. Todos y cada uno de sus integrantes quedaron marcados por este caso. Formará parte de su historial profesional. Estoy convencido de que cada policía, cuando deja el servicio activo, se lleva grabado un caso especial para él o ella, ya sea por algo bueno o por todo lo contrario. Para todos estos compañeros, este será su cicatriz profesional. No han sido pocas las ocasiones en las que han sido criticados, incluso maltratados, incluso por otros policías. En la SAC compartimos durante años el esfuerzo por encontrar a la niña, pero no convivimos con ellos cada día. Si yo me siento así, cómo se sentirán ellos. Estas líneas son también un homenaje para ellos.

Así que con Homicidios seguimos colaborando. Tratamos por todos los medios de idear nuevos modos de convencer a Miguel de que nos dijera toda la verdad de la ocultación de Marta. No sé cómo, será cosa de mi ingenuidad natural, pero siempre lograba tener una mínima esperanza y seguía trabajando en ello con profesionalidad, siempre guiado por un único propósito: dar consuelo a una familia que quería enterrar a su niña.

Pero poco podíamos hacer. A esas alturas, lo mismo que hoy, creía que Carcaño ya había dicho todo lo que podía decir. Si él iba a ser nuestra única vía de investigación, el resultado de la búsqueda sería el mismo que hoy sigue siendo. Marta no ha aparecido.

Este fue mi caso. Así lo siento. A él le dediqué mis mayores esfuerzos. Fueron años de intensa dedicación. Con mi compañera, que estuvo conmigo desde el primer día, comparto la implicación en un caso como en ninguno otro hemos estado.

El recuerdo de pequeños detalles me viene siempre a la mente. Como cuando nada más salir de las dependencias del GRUME, una de tantas veces, coincidíamos en pensar que los investigadores de este grupo policial estaban tan afectados por este caso que les habríamos firmado la baja a todos ellos. Todo en su día a día, a pesar de que debían hacer frente a otros muchos asuntos, giraba en torno a Marta del Castillo. Era pura y simplemente una obsesión. Recuerdo la pizarra del despacho del GRUME con todas las llamadas telefónicas, sus horas, minutos, en diferentes colores, con sus entrantes y salientes, su duración, todo, escrito con rotuladores llenando una pared entera. Recuerdo llegar al hotel de madrugada después de un enésimo intento por convencer a Miguel de que fuera, de una vez por todas, sincero y no poder ir a dormir de tan excitada que estaba mi mente y sentarme en una terraza vacía en mitad de la noche. Recuerdo entrevistas en la cárcel, en los despachos de comisaría. Recuerdo recorrer una y otra vez el posible itinerario de Carcaño y Marta por las inmediaciones de León XIII, por Camas, por el Guadalquivir.

Tantas y tantas cosas, tanto esfuerzo, tanto estrés por esperar resultados, tanta presión por lograrlos. Y sé que eso no es nada comparado con lo que siente la familia de Marta. Y, aunque lo comprendo, también ha sido muy doloroso escuchar críticas dirigidas, sobre todo, a los componentes del GRUME, debidas, por supuesto, al dolor y a la frustración. Esas críticas las sentía hacia mí también porque yo también era responsable de no haber sido lo suficientemente listo o hábil o capaz, en definitiva, de dar solución al caso.

Escribir estas líneas es doloroso. Tendemos a pensar en las instituciones como entes abstractos, pero estas están compuestas por personas. Son personas las que las forman, las que en ellas trabajan y dan lo mejor de sí. Con bastante frecuencia, empleo una frase que define bien nuestro empeño diario: «Hacemos lo que podemos con lo que tenemos».

Sin embargo, le demos las vueltas que le demos, de la muerte de Marta solo hay un responsable: Miguel Carcaño. De la ocultación cruel y dolorosa de su cuerpo son responsables Miguel y quienquiera que le ayudara a hacerlo. Y no hay más.

CAPÍTULO 10

# EL MÉTODO VERA ES UNA REALIDAD

*Un desplante y un nuevo amigo*

Vuelvo atrás en el tiempo. En el año 2010, cuando la SAC se creó, el Método VERA estaba prácticamente listo para su gran prueba como tesis doctoral. Gracias a la magnífica dirección de mi segundo director, había tomado cuerpo hasta estar organizado, dispuesto para pasar a la acción. Toda la información útil de cualquier caso que se estuviera investigando podía distribuirla en varios apartados, como la escena, la víctima, la cronología y el autor. Por más que lo testaba, no encontraba ni un solo dato que no encajara con uno de estos cuatro factores.

Para entonces, tenía muy claro que la víctima debía ser lo primero a tener en cuenta por la sencilla razón de que uno de mis lemas de trabajo sigue siendo «porque las víctimas importan». El autor, como incógnita a resolver, tenía que ser el último. Tras la víctima, la escena suponía la fuente de indicios físicos primordial y la cronología, teniendo en cuenta que es una sucesión de conductas que formaban parte del pasado, debía entenderse como una reconstrucción y su puesto sería el tercero. El orden quedó establecido:

— Víctima
— Escena del delito
— Reconstrucción del delito
— Autor

Con su sola disposición en columna, el acrónimo saltó a la vista: VERA. De inmediato, me pareció un nombre apropiado. Corto, directo, con la sugerencia sonora a la palabra verdad, algo pretencioso, ambicioso, pero que sonaba bien. Significaba una promesa de utilidad y rigor.

Las fases ya estaban claras. Lo fundamental era obtener los datos. Mediante una observación atenta, escrupulosa, exhaustiva, toda la información debía ser filtrada en términos psicológicos, porque los datos físicos formaban parte del trabajo de la Policía Científica y de la Policía Judicial y ellos hacían muy bien su parte. Lo psicológico debía completar su trabajo.

Tras los datos, venía el proceso lógico. Primero el provisional, el eslabón entre el dato y la conclusión. El salto no podía ser muy brusco porque sería perder el rastro de la lógica. Este paso intermedio lo ocupaban las inferencias.

Finalmente, las hipótesis, las conclusiones, el perfil, ese listado de elementos que caracterizaría al supuesto agresor hasta el punto de que los investigadores tuvieran más fácil su identificación.

Faltaba el elemento diferenciador del método: los códigos. Unos códigos sencillos, intuitivos, que permitieran rastrear cada dato, cada inferencia y cada hipótesis, para que todo lo que se afirmara pudiera referenciarse en información del propio caso, para que no quedaran preguntas sin responder en cuanto a las incógnitas que el caso planteara, para que los sesgos cognitivos estuvieran todo lo controlados que se pudiera. Desde los datos a las hipótesis y desde las hipótesis a los datos. Para que los investigadores no tuvieran que preguntar al analista que de dónde se sacaba tal o cual afirmación porque tendría todo el proceso en su poder a través del correspondiente informe. Todo atado y bien atado.

Era un método sólido, innovador, tan sencillo como potente. Lo mejor era que ayudaba a resolver casos y que su metodología podía defenderse ante cualquier tribunal. Lo había logrado. Habían sido muchos años de trabajo, doce en total, contados desde que me inscribí en el programa de doctorado en la Universidad Complutense de Madrid hasta que defendí la tesis en la Universidad Camilo José Cela. Era el año 2012 y ya estaba listo para su gran prueba.

Dado que la renuncia a la dirección de la tesis por parte de Floro Burillo había dejado mi tesis sin departamento académico en la Universidad Complutense, tuve que buscar otra universidad que admitiera su registro únicamente para su defensa. Pudo ser en la Universidad Camilo José Cela, en Madrid.

Tocaba designar al Tribunal para su defensa. El primero era el más claro, Manuel de Juan Espinosa, catedrático de la Universidad Autónoma de Madrid, y un experto en análisis de conducta y perfilación criminal. Es y será siempre mi maestro. Nuestra relación comenzó con mi colaboración en el Máster en Ciencias Forenses de su universidad y desde entonces, en el 2007, nuestra relación ha crecido en confianza, en amistad y en experiencia profesional compartida. Si hasta pilotamos la misma marca de moto. Eso sí, la suya es más canalla. Manolo es un tipo magnífico y, como doctor más antiguo de los designados, sería el presidente de mi tribunal.

Se lo solicité también a mi antiguo profesor de metodología en la Escuela de Policía Nacional, un comisario de un gran corazón y enormes conocimientos que ni siquiera quiso que le pagaran los gastos de viaje y manutención porque para él era un orgullo poder ayudarme. Vino desde Ávila y no me hizo ninguna pregunta después de mi presentación. Solo alabó mi trabajo hasta emocionarme. Le recuerdo con cariño y le mando desde estas líneas un enorme abrazo.

Alguien que entendía lo que allí se iba a defender como nadie era otro de mis propuestos, un miembro de la Guardia Civil que conocía muy bien el trabajo de un analista de conducta criminal.

La Universidad Camilo José Cela propuso a un criminólogo con quien he tenido interesantes colaboraciones después y con el que comparto proyectos curiosos, como relacionar la criminología con los cómics de superhéroes, especialmente con el *Caballero Oscuro*.

Ya estábamos todos listos para ese 10 de diciembre de 2012, lunes.

### *Una baja de última hora*

El domingo, 9 de diciembre de 2012, a eso de las diez de la noche, recibí una llamada de Manuel de Juan. Uno de los miembros del tribunal no podía acudir a la defensa, pero que no me preocupara, que para esos casos habían sido designados miembros sustitutos. La mayor dificultad en estos casos es que el suplente seguro que no se ha leído la tesis, por lo que su valoración descansa en el acto de la defensa pública.

En cualquier caso, poco podía hacer en esos momentos, salvo seguir con lo preparado, aunque, cosas del azar, siempre el azar, la baja de este miembro supuso la aparición en mi carrera del presidente de una fundación universitaria, una empresa de formación en el ámbito criminológico. Con este gran economista llegué a tener una intensa relación profesional durante años con un hermoso proyecto y conservamos una magnífica amistad aunque ahora nos veamos mucho menos de lo que nos gustaría.

### *La defensa*

El tribunal otorgó a la tesis doctoral la calificación de sobresaliente *cum laude*. Todos y cada uno de sus miembros tuvieron la visión de que esa tesis en realidad ofrecía algo que iba a funcionar, que iba a ser útil y que cambiaría el modo en el que la psicología se aplicaba al ámbito policial. Hoy creo que esa visión se hizo realidad, por mucho que el método para valorar su fiabilidad y validez estadística siga siendo un enigma difícil de resolver.

La tesis está ahí, puede consultarse en el repositorio de la Universidad Camilo José Cela. El Método VERA está más disponible todavía. Es libre de consulta, de aplicación, de estudio. No lo creé para mí, para vender libros o cobrar derechos de autoría. Si alguien, profesional o no de la investigación policial, cree que puede ayudarle a resolver un caso, solo tiene que buscarlo, conocerlo y aplicarlo. Y si lo mejora, será fantástico.

Es parte del montante que devuelvo por lo mucho que obtuve. Nada me puede hacer sentir más orgulloso que conocer que lo han usado y que han tenido éxito, ya sea en México, en la República Dominicana, en España o en Rumania. Y cada poco tiempo recibo la noticia de que una nueva institución policial se suma a su aplicación. Ayer mismo, siguiendo los pasos de la Fiscalía General de la Nación, en Colombia, me informaban de que su implantación en una importante región de la asombrosa nación que es Argentina está en marcha.

El Método VERA funciona. Lo hemos constatado en numerosos casos y lo hemos puesto a prueba ante los tribunales judiciales más exigentes. Porque hay mucho más que un índice estadístico para saber si algo es bueno o no, si funciona o no lo hace, si es útil o inútil.

Hoy el método es empleado sistemáticamente por unidades policiales de España y de muchos países de Latinoamérica. Está en los programas de estudio de numerosas universidades, españolas y extranjeras, para el grado en Criminología o en másteres de perfilación criminal, así como en cursos específicos por parte de instituciones públicas y privadas. Se elaboran trabajos de fin de estudios y tesis doctorales sobre el Método VERA. El manual en el que se detalla va por su tercera edición en 2022, gracias a la confianza de la editorial Pirámide.

Crece y crece, tanto que su metodología trasciende el ámbito criminal y se estudia su empleo en otras disciplinas, como en psicología y psiquiatría, en las que se ha de llegar a una conclusión a partir de unos datos, en los que hay un proceso lógico que seguir y del que dejar constancia, para resolver un enigma.

El Método VERA es una de esas cosas que justifican por sí solas el título de este libro, porque su idea original, intuitiva más que nada, su progresivo desarrollo enfrentándose a situaciones con más incertidumbres que certezas, su materialización y, sobre todo, el impacto que está teniendo en muchos países y al que no le veo fin, me llevan a vivir cada día en el más absoluto de los asombros.

Cuando yo ya no esté, el Método VERA seguirá trabajando y desarrollándose porque cada vez genera más interés y no solo entre profesionales de la investigación criminal, sino también en el ámbito académico. Eso significa que crece y que sus posibilidades de mejora aumentan porque cuanto más se estudie y se ponga en práctica, mayor será su efectividad.

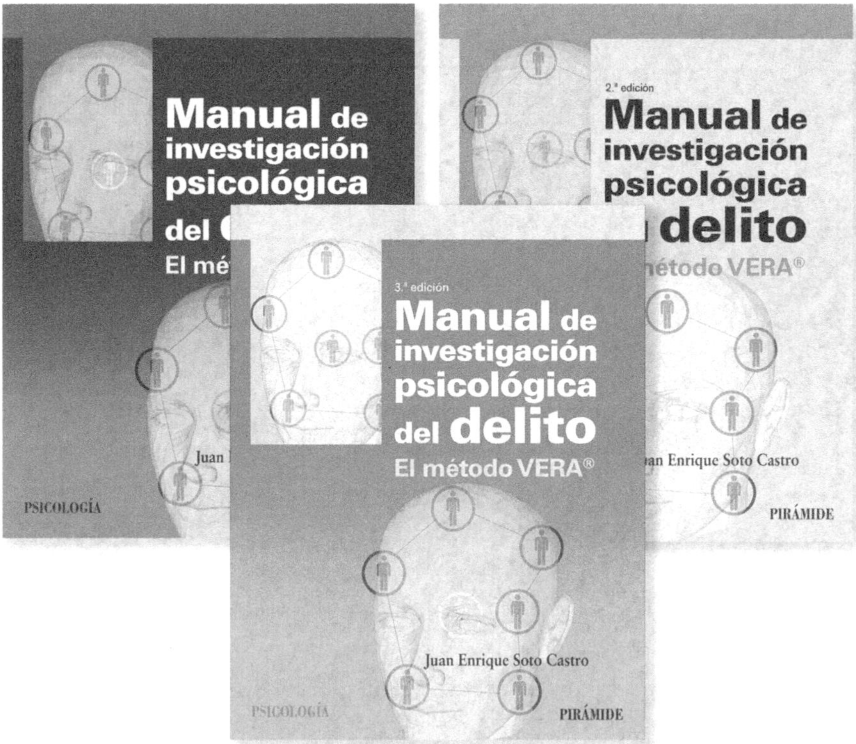


Portadas de las tres ediciones del Método VERA editadas por Ediciones Pirámide.

## CAPÍTULO 11

# LITERATURA, LA OTRA VOCACIÓN

La literatura llegó mucho antes que la Policía y también tiempo antes que la psicología. Desde que estando en el colegio, Gredos se llamaba, al final de la Avenida de San Diego, en Vallecas, muy cerca del Pozo del Tío Raimundo, gané un concurso de relatos convocado por Coca Cola, escribir ha formado parte de mí. Sin embargo, no fue hasta después de la universidad que empecé a considerar la posibilidad de publicar.

Después de ganar un premio de Poesía, el Nuestra Señora de la Almudena, en Valladolid, en 1991, con el poema *Místico*, comencé a enviar textos a diversos certámenes. Han sido muchos los relatos, fundamentalmente, los que han logrado galardones, pero también las novelas.

La primera novela que escribí fue una corta, una alegoría titulada *Un pueblo llamado Insidia*. No ha sido publicada. Me la inspiró uno de los muchos viajes en tren AVE hacia el sur, seguramente en tiempos de colaboración en el caso de Marta del Castillo, al pasar por la localidad de Puertollano, cuyas empinadas cuestas me sugirieron una pequeña sociedad claustrofóbica y supersticiosa.

Después escribí la que sí se puede considerar mi primera novela como tal, *El silencio entre las palabras*, cuya trama me llegó al unir dos fuentes de inspiración. Una fue una foto familiar, abuelos de mi esposa; otra, una de las clases que di estando en el GEO, cuando uno de los alumnos, como parte de una práctica, relató el modo de apareamiento de las abejas. Sí, un GEO eligió este tema. Otros elegían algunos más prácticos, pero menos poéticos, como el correcto inflado de los neumáticos de los vehículos.

El manuscrito se lo envié a un compañero tan versado en letras que llegó a ganar uno de los principales premios literarios de este país, que me devolvió las siguientes palabras:

> Amigo Juan Enrique.
>
> Ya ves, el calendario, una vez más, ha hecho su oficio. Pasó la Navidad y ya estamos metidos en marzo. Mientras preparo esta carta, como tantas veces en horas próximas al amanecer, afuera el

viento sopla con fuerza. En medio del silencio de la noche, tal parece que el viento quiere entrar por cualquier resquicio y acercarse a nuestra conversación. El viento casi hace compañía.

Vengo de leer tu novela «EL SILENCIO ENTRE LAS PALABRAS», que me llegó con tu correo electrónico de 27-01-04. Pero antes de entrar en el sancta sanctorum de tu manuscrito, debo explicar mi retraso... [*lo siguiente es más personal*]

... Regreso a tu manuscrito. Me parece una gran novela. Ya te dije en otra ocasión que tienes oficio y tienes estilo propio. La novela se lee bien. Arranca el texto con una buena descripción, utilizando el constante motivo de los olivos. Te diré. Aunque los editores y los críticos lo nieguen, siempre buscan la primera impresión de la novela leyendo los párrafos iniciales.

Me gusta tu prosa. Llegas bien al significado de los paisajes y de la intimidad de tus personajes. Te sirves de buenas metáforas, imágenes y comparaciones, sobre todo. Aciertas casi siempre. Te transcribo algunas que me sorprendieron: «chismorreos colgados a secar», «respirando a mordiscos (la parturiente)», «dos volutas de humo que se alejaban en abrazos», «... su balcón se torció con una mueca de desilusión», «geranios rojos dormidos», etc.

Has conducido bien los tiempos de la novela. Pasas del presente al pasado con facilidad. De hecho, desde la primera página el lector sabe que, de una forma u otra, tendrá noticia de ese pasado que golpea constantemente en el pensamiento de los protagonistas. Has realizado una buena pintura costumbrista de una época y de unas gentes.

Me ha parecido sensacional la alegoría constante, a lo largo de la novela, de las abejas, siempre en boca de Gervasio (Por cierto, observo que dispones de mucha información sobre las abejas. Y eso, la información, es algo que descuidan muchos escritores).

Sensacional la constante alusión horaria, «son las seis», a lo largo de la novela.

Sólo le planteo dos dudas.

¿Te sabrán apreciar (los editores) este trabajo intimista que, voluntariamente, renuncia a la acción? La narración intimista profundiza en la personalidad de los personajes. Por ello, el ritmo de la novela se ralentiza un poco. Muchos novelistas actuales utilizan esta técnica.

¿El tema elegido, que tú has desarrollado con un buen argumento, será del agrado de esos editores? Piensa que esa estirpe de sabelotodo son como un oráculo. No tratándose de un escritor consagrado, estás a merced de cuatro críticos.

Por lo demás, te repito mi felicitación.

Como le decía a un amigo, te deseo que tengas buena uvada este año, mucho vigor y mejor suerte.

—Sí, señor, y que no se te ponga el cencerrón pajizo, como a la uva de mal año. Y usted disimule mis palabras, que cencerrón no es lo que parece.

Deseo que los días te bajen como el pan sentado, que está muy metido en harina. Mereces tener suerte.

Un fuerte abrazo.

Imaginaos lo que supuso para mí recibir y leer esta carta. Esto sí que produce un subidón. Era un empujón motivacional como pocos, así que lancé el manuscrito a buscarse la suerte.

Mientras editoriales como Anagrama o Basarai lo rechazaban (conservo las notificaciones, una de ellas rasgada), la novela lograba el Tercer Premio Internacional de Novela Territorio de La Mancha, convocado por el Instituto Cultural Iberoamericano, un 15 de septiembre de 2006. Sin embargo, tampoco supuso su publicación.

Tuvo que esperar otros dos años y medio para que la editorial tinerfeña Baile del Sol se decidiera a publicarla dentro de su Colección Narrativa. Fue mi primer libro literario publicado. La sensación de recibir y abrir la caja de cartón con los ejemplares que corresponden al autor es una de las más difíciles de describir. El caso es que era un hecho. Lo había logrado. Mi nombre en letras de imprenta junto al título de una novela.

La editorial, incluso, gracias a su ilustrador, tuvo el detalle de incluir la foto familiar que la inspiró en su portada, que a mí me resultó entonces, y me lo sigue pareciendo ahora, preciosa.

Eso sí, aunque el primer contrato se firmó en 2009, la novela no logró publicarse hasta 2012. Fue un largo parto.

Después llegó, con la misma editorial, la publicación de *La barca voladora*, en 2014, que siempre me ha parecido un prodigio de inspiración. Si la escritura de *El silencio entre las palabras* había sido medida al milímetro, *La barca voladora* fue un completo y absoluto ejercicio de improvisación. Una novela de casi 300 páginas de las que, al comenzar a escribir, solo tenía en mente el primer y el último párrafo. Todo lo demás fue improvisado y, para mi asombro, podía apreciar, con explosiones de asombro entusiasmado, cómo sistemáticamente se iban cerrando todas las tramas y subtramas que al escribir, sin saber dónde llegaría, se iban abriendo.

Nunca supe definir esta novela, si una de aventuras con toques filosóficos o una novela filosófica aderezada con aventuras.

Tres años más tarde, a partir de un relato, *El espectro de Ileón Jacq*, que ganó un certamen de relatos de terror, escribí una novela. De alguna manera, ese relato me decía, me exigía más bien, que tenía mucho más que contar, que con unas pocas páginas no bastaba para penetrar lo suficiente en el alma atormentada y confusa de su protagonista. La novela se tituló igual que el relato y en 1997, fiel a lo logrado por su relato original, ganó el Primer Certamen Nacional de Novelas de Terror La Fábrica de los Sueños, que la publicó.

Portada de *El silencio entre las palabras*, editada por Baile del Sol.

Ya iban tres novelas publicadas. La escritura era una actividad esencial, que tenía reflejo en los escaparates de los libros y en las firmas en la Feria del Libro de la Casa de Campo de Madrid, un privilegio maravilloso. En todas mis obras, la psicología, cómo no, iba a jugar un importante papel. La profundidad psicológica de los personajes se convertía, texto a texto, en el armazón de mis historias.

Mi familia y amigos me pidieron durante mucho tiempo que diera el salto al género negro. La SAC ya era una realidad y la investigación psicológica policial de los delitos era mi profesión a tiempo completo. Me resistía a concederles su deseo porque me costaba seguir pensando en crímenes después del trabajo, incluso cuando escribía, que esta era mi vía de escape de una realidad dolorosa y complicada.

Sin embargo, tanto insistieron que lo hice y por partida doble.

Primero llegó *El Museo del Olvido*, editada también por mi querida editorial Baile del Sol, dentro de su colección Serie Negra, en una muy cuidada edición.

Estaba claro que el análisis de conducta criminal debía ser el eje de esta novela, pero tampoco quería crear un personaje calcado a mí. Así que opté por crear dos protagonistas en lugar de uno, de tal manera que, si los fusionábamos, quedaba claro qué o quién los inspiraba.

Uno de los personajes era un veterano, próximo a la jubilación, neurocriminólogo, que había hecho su carrera en España y ayudado a resolver casos por medio mundo gracias a su pericia analítica basada en el estudio del cerebro. Un innovador introvertido y malencarado, testarudo y egoísta. Él era el que sabía de análisis de conducta. Su nombre, Alonso Escribano.

El otro era un inspector de policía, algo díscolo y rebelde, de los que prefieren trabajar en solitario o solo con un equipo reducido en el que pudiera confiar a ciegas, implicado a su modo, reaccionario, pero eficiente. Él era el sabueso que sabía investigar como un policía. Su nombre, Mario Malpartida.

Esta vez mis editores trabajaron conmigo la confección de la novela, en especial mi editora, Ángeles, entusiasta del género negro, con unas sugerencias que mejoraron muchísimo el texto.

La trama tampoco quería que fuese al estilo del género. Por eso, en lugar de una, introduje dos. Una muy psicológica, desconcertante, aterradora, incluso, que hundía sus raíces en la posguerra civil española; la otra, realista, muy policial, con delitos mucho más habituales como el tráfico de drogas y los ajustes de cuentas, aderezada con altas dosis de corrupción.

El nexo entre ambas solo lo conformaban los personajes, desdoblados como podían para dar respuesta a ambos enigmas que nada tenían que ver el uno con el otro. Lo procedimental policial está presente en la obra, tratando de proporcionar un realismo que las licencias dramáticas han de salvar y no al revés.

Otro elemento diferenciador debían ser mis conocimientos sobre la psicología aplicada a la investigación criminal. Tampoco deseaba, bajo ningún concepto, que las referencias al análisis criminal se convirtieran en clases magistrales, así que traté por todos los medios de insertar toda mi experiencia analítica en el modo de proceder de los investigadores, de Alonso y de Mario. Mostrar, no relatar.

Así, *El Museo del Olvido* cobró vida propia en el año 2018. Mario y Alonso se han convertido en seres ideales para una saga, por lo que una nueva entrega, *Fantasmas de papel*, está siendo hoy valorada por la que es su casa, Baile del Sol. Con todo y eso, su recorrido pudo ser muchísimo más rico de lo que yo pudiera esperar.

En un momento dado, dos guionistas de reconocido prestigio en España solicitaron un encuentro conmigo para asesorarles sobre mi actividad profesional y así documentar sus propias historias. Como llegaban las vacaciones de Navidad y no podríamos quedar en un tiempo, les mandé un ejemplar de *El Museo*. Para mi sorpresa, cuando nos reunimos, me informaron de que les había gustado la novela, tanto que estaban sopesando la idea de escribir un guion para una serie de televisión y que les encantaría que formara parte del trío de guionistas que la crearan.

Portada de *El Museo del Olvido,* editada por Baile del Sol.

Por supuesto, accedí y durante unos meses estuvimos trabajando en los episodios, diez, en sus tramas, en sus personajes, entre los que Mario y Alonso serían el pilar fundamental. Escribimos el dosier y ellos se encargaron de buscar productora. Aunque hubo algunos avances, no lo lograron y terminaron por desistir. Fue un bonito sueño mientras duró.

Por aquel entonces, el periodista Javier Manzano me hizo una entrevista en Radio Nacional de España sobre mi trabajo en la SAC. Hicimos buenas migas y ahora somos buenos amigos. El editaba una revista emblemática en el género negro, tanto en papel como en digital, *Fiat Lux*. Me ofreció participar con una sección propia, *Black Profiler*, en la que analizaría en términos psicológico criminales algunas de las novelas más importantes de este oscuro y atractivo género. Sería algo así como hacer el perfil del malvado de la novela y también del detective o policía que llevó la investigación. Tenía una dificultad y era que, al haber leído el libro, ya sabía el final, por lo que debía ser honesto y realizar el perfil ignorando toda la información que ya sabía. Era todo un reto literario y analítico.

Autores como Jim Thomsom, David Llorente, Friedrich Dürrenmatt, Pierre Lemaitre, Víctor del Árbol o Antonio Muñoz Molina pasaron por mis manos. Os dejo el enlace, por si queréis acercaros a echar un vistazo: http://revistafiatlux.com/category/cronicas/black-profiler/

A Javier, entonces, no se le ocurrió otra cosa que innovar, al mismo tiempo que recuperaba una muy vieja tradición literaria. Lograba unir tradición y tecnología. Se le metió en la cabeza crear una editorial que publicara novelas por entregas semanales, pero que solo podrían ser leídas en dispositivos smartphone. Y para hacer más atractiva la lectura, incluía junto con cada capítulo vídeos grabados con los autores en los que, en inteligentes y cuidadas entrevistas, se desgranaba su biografía, su modo de escribir, su imaginario, sus vicios y ocios, en un ejercicio de conversación y descubrimiento que convertía la literatura en transparencia y arte visual, además del placer de leer.

Así dio lugar a *Black & Noir*.

Su primera edición lanzó cuatro novelas y funcionó tan bien que Javier se lanzó a por otras cuatro, una de las cuales me la ofreció a mí. Así que escribí un texto expresamente para su innovador proyecto editorial. Se tituló *El abismo* y su carta de presentación fue la siguiente:

> A quien le pueda interesar.
>
> Dijo Nietzsche que quien con monstruos lucha cuide de convertirse a su vez en monstruo. Cuando miras largo tiempo a un abismo, el abismo también mira dentro de ti.
>
> No podían ser más sabias sus palabras. Yo estuve confundido. Creía que el monstruo era el otro, el que te acecha tras la esquina para robarte lo que lleves, incluso la vida. El que llega borracho a casa y golpea a esposa e hijos para ahogar su frustración. El que vende todo lo que la familia tenga por una dosis de heroína. El que obligaba a las jóvenes a prostituirse a cambio de su libertad.
>
> Pensaba que la noche estaba llena de monstruos así. Pero el monstruo estaba dentro de mí. El monstruo era yo. El que se alimentaba con las vidas arrebatadas era yo. Y cuanto más mataba, más hambriento me sentía. El ansia por ver el miedo en los ojos de los

demás fue mi abismo. Descendí por él tanto que ya no era yo el que miraba sus profundidades. Había comprendido que era el abismo quien me miraba a mí y me atraía a su oscuro pozo hasta que, de tan hondo, fue insalvable.

El abismo me engulló. Me convertí en el Mal de cuya existencia dudaba. Dejé que el monstruo ganara todas las batallas. Sé que pedir perdón es inútil. El perdón de los hombres es estéril. Firmé un contrato con sangre y el compromiso es eterno.

No sigáis mis pasos por mucho que os atraiga el hermoso paisaje que se divisa desde el precipicio. Nada os podrá salvar si cedéis, si saltáis por muy armados de convicciones que estéis. No renunciéis a la esperanza. No seáis un monstruo. No seáis como yo. Desistid.

¡Resistid!

Ismael

Portada de *El abismo*, editada por Black&Noir.

El individuo que aparece a contraluz en la portada es quien esto escribe y que supo de ello cuando le fue ofrecida la versión final. Aparezco andando sobre una de las Siete Tetas, colinas del parque así llamado, en Vallecas, el que fue el barrio de mi infancia. Otra sorpresa más, un bonito regalo de Javier, castizo como pocos.

Muchos proyectos se acumulan en la actualidad. Algunos son solo eso, como, por ejemplo, una tercera entrega de Malpartida y Escribano que nos mostrará el primer caso de este, allá por los años cincuenta y que supuso su decisión a dedicar su vida profesional, sacrificando incluso la personal, a la investigación criminal; otro proyecto es una novela sobre dictadores que lleva tiempo rondándome la cabeza; otra novela sobre esa obsesión mía que es «el legado» de cada uno y que tanto tiene que ver también con una de las tramas, la más oscura, de *El Museo del Olvido,* etc.

Otros proyectos están terminados y a la espera de que la editorial los publique y que ya han sido valorados y aceptados.

Uno es una antología de relatos en torno a un nombre, Jack, acompañados cada uno de ellos por una pintura al óleo, de carácter surrealista, pintadas hace décadas por uno de los ilustradores españoles más importantes de finales del siglo XX, Pepe Garzón, cuyos dibujos acompañaron a generaciones de personas que se adentraban en el incierto paisaje de la democracia después de la oscuridad franquista.

Otro es un ensayo, escrito a tres manos junto con dos excelentes amigos y compañeros, sobre el mundo del cómic y, en particular, sobre el ecosistema en el que libra, atormentado, sus batallas el *Caballero Oscuro*, nuestro admirado *Batman*. Un ensayo desde tres puntos de vista: el artístico histórico, el criminológico y el psicológico. Un ejercicio lúdico, pero muy serio, que hemos disfrutado muchísimo.

Como veis, la literatura sigue formando parte de mi vida y así seguirá mientras continúe siendo capaz de sujetar la pluma estilográfica. Escribir es uno de mis lados como poliedro humano, con sus aristas y sus rectas, con sus momentos de esplendor y de ocultamiento, con sus brillos y sus mates, y que resumo en la precisa y preciosa sentencia del escritor Manuel Longares:

«La literatura es escribir hacia la nada y quedarse esperando».

CAPÍTULO 12

# EL PRINCIPIO DEL FIN

Me acercaba a una época dolorosa. Los últimos años como jefe de la SAC los viví con una extraña y contradictoria mezcla de pasión por el análisis de conducta e incapacidad para gestionar mi relación con algún mando policial con el que tenía relación.

Reconozco que a la hora de adaptarme a las personas tengo serias dificultades. Las relaciones sociales no son lo mío. Soy tan introvertido que la interacción diaria, constante, me cuesta mucho. La llegada de un mando nuevo supone a veces un importante cambio en el modo de trabajar; otras veces, el recién llegado es más continuista. En este segundo caso no hay mayor problema, es obvio, pero cuando los cambios son importantes, no siempre consigo llevar a cabo esa necesaria adaptación. En cualquier caso, el problema es mío, de mi forma de ser.

Aunque mi jefa me decía que yo era una persona inteligente, no lograba adaptarme a los últimos cambios en el modo de trabajar. Los hubo en los procedimientos, en los modos de coordinarse con los investigadores, en el tipo de revisiones y seguimiento de cada uno de los pasos que había que dar, con un considerable aumento del trabajo administrativo, de las reuniones. Aumentó el aspecto de gestión en detrimento del aspecto más analítico o de campo. El cambio fue drástico.

Poco a poco, de una manera a veces inapreciable, pero otras veces de un modo más abrupto, me fui sintiendo cada vez más incómodo y estresado. Es difícil de explicar. Cuando las relaciones son fluidas, incluso con los problemas inevitables que conlleva el trabajo caracterizado por elevados niveles de responsabilidad; cuando el ambiente laboral se vive de un modo positivo, sintiéndose parte de un proyecto común, se trabaja con estabilidad y esta proporciona esa sensación de que el tiempo vuela y se acumulan los trienios casi sin pensarlo.

Pero cuando, como era mi caso en estos últimos años, sentía que tropezaba con el nuevo modo en que habían de realizarse las labores cotidianas, cuando incluso las acciones más especializadas podían ser fiscalizadas de un modo que no acababa de comprender del todo, la inquietud y el malestar crecían.

Todas las incomodidades que antes eran asumidas como parte del privilegio de realizar una labor con la que años atrás ni siquiera había soñado, como los madrugones cada vez más acusados, la ansiedad que suponía escuchar por la radio las incesantes incidencias del tráfico que retrasaban más y más la hora de llegada a la oficina, el incremento progresivo del coste de la gasolina o el tiempo que se desperdiciaba metido en un coche, etc., fueron pesando más y más. Estos factores antes los daba por inevitables si deseaba realizar un trabajo que me colmaba.

En la balanza de lo que compensaba o no hubo cambios. Ser el jefe de la SAC, en un momento difícil de precisar, ya no lo era todo si ello implicaba sentir unos niveles de estrés tan elevados y, sobre todo, por cuestiones de clima laboral derivados de una relación que debería haber sido fluida y era todo lo contrario, no por el trabajo en sí.

Cuando el estrés es tan elevado, el cuerpo y la mente se resienten, sobre todo si ese estrés procede de la interacción con una persona con la que debes colaborar a diario. El equilibrio se ha perdido y hay que restablecerlo. Si no se puede cambiar el ambiente, debe cambiar uno mismo y yo, como ya indiqué, soy muy torpe en eso. No solo no lo lograba, sino que día a día me enredaba en mi malestar hasta convertirlo en el centro de la experiencia profesional. Y mi salud se resintió. Tanto fue así que comencé a valorar el cambio de destino.

No podía creer el hecho de plantearme esa posibilidad, pero sí, fue cobrando cuerpo, un cuerpo desesperado. Fueron dos o tres años, porque he perdido la noción del tiempo. Los sentimientos difícilmente pueden atribuirse a un momento exacto en el tiempo cuando se trata de un proceso y no de un hecho puntual. Me dolía pensar en irme, en dejar a mis compañeras, en dejar de ser analista de conducta, con lo que me había costado llegar hasta allí. Hacía tiempo que estaba convencido de que me hice policía para llegar a realizar esa función y en ese momento me planteaba abandonar y marcharme. Rectifico, no quería dejar de hacerlo, pero sí dejar de hacerlo en esas condiciones.

Tan mal me sentía que llegué a redactar mi carta de dimisión y la tenía guardada porque sabía que cualquier día no podría más y la tendría que firmar, registrar y entregar.

Echo la mirada atrás y, por mucho que hoy me siento bien, feliz por mi situación personal y profesional, siento con dolor que esta mañana podría estar trabajando en mi despacho del edificio blanco en el Complejo Policial de Canillas, analizando desde la psicología un crimen, junto con mis excepcionales compañeras. Seguiríamos creciendo, innovando, luchando por mejorar, por contribuir a esclarecer casos, por aliviar a las víctimas, por ser mejores profesionales y personas.

No pudo ser. Me harté. La hora que significaba para mí llegar a Canillas cada día, tras superar un tráfico horroroso, después de levantarme a las seis de la mañana, para anticipar lo imprevisible que podría suceder en la oficina, comenzó a pesar tanto y tan negativamente que ya no podía decirme eso de que tenía un trabajo que me ilusionaba tanto que no había obstáculos que superar, que las horas de coche, de sueño y de estrés que suponen las perpetuas retenciones de vehículos merecían la pena.

Comencé a buscar alternativas para cambiar de destino. Al principio, de un modo genérico. Después, con verdadera intención. No era fácil hacerlo de un modo discreto. Hubo varias posibilidades con un nivel de exigencia de responsabilidad y de reto profesional similar a la que ocupaba desde hacía años, pero solo una tenía visos de materializarse, volver a la División de Formación. Allí me recibirían con gusto porque me conocían desde hacía muchos años, pero era solo otra alternativa. Hasta que todo se precipitó por una propuesta de condecoración.

Cierto día me llamaron mis jefes, el jefe de la Brigada y la jefa de la Unidad. Me anunciaron que me iban a proponer para la medalla con distintito blanco, «la blanca» como la llamamos. No me lo esperaba. Yo ya tenía pensado marcharme, pero todavía no lo había anunciado ni tenía concretado nada. Se reproducía una situación ya vivida.

Hacía unos años, estando en el Centro de Promoción me propusieron para la misma medalla, pero yo ya tenía intención de cambiar de destino. Me borraron de la propuesta por la única razón de que me iba. Era como si fuera un castigo: si te vas, no te condecoramos. Como si las medallas se las dieran a uno por lo que está por venir, en lugar de por los méritos acumulados.

Teniendo en mente ese episodio, me volví a reunir con ellos, con mis jefes. Con un nudo en la garganta, les anuncié que había decidido marcharme de la UCIC y que el anuncio en ese momento concreto era debido a la propuesta de condecoración, por si querían pensárselo ahora que les comunicaba mi deseo de cambiar de destino. A mi jefa no le sentó nada bien.

—Cometes un error —me dijo con respeto, pero contrariada y con determinación.

El otro, el comisario, me felicitó. Me dijo algo así como que yo era el padre de la SAC y que eso permanecería aunque yo ya no estuviera. Lo que pensaba en realidad no tengo modo de saberlo. Tampoco me importa.

Después, con las pulsaciones a mil, entré en el despacho de mis compañeras de la SAC y les dije lo que ya sabían que era una posibilidad y una certeza al verme al cara. Ellas conocían de mi malestar, claro. Cómo no iban a saberlo si trabajábamos codo con codo desde hacía años. Lo que aquel anuncio supuso fue lo definitivo del cambio. Sin duda, uno de los peores momentos de mi carrera profesional.

Poco después, mi jefa me llamó a su despacho y, a puerta cerrada, me preguntó cuál era la verdadera razón de mi marcha. Contesté que eran cuestiones personales, que cada vez me costaba más tiempo y ansiedad lidiar con el tráfico y demás cuestiones domésticas y bla, bla, porque no me creyó ni una palabra. No insistió.

A partir de ahí fue muy precipitada la salida, tanto que un viernes me llamó el comisario a su despacho y me preguntó con mal talante, de un modo arisco, grosero, que cuándo me iba, que ellos ya habían firmado. Yo, confuso, no supe qué decir. No era normal que no me hubieran dicho nada, que había papeleo que firmar, por el destino actual, por el destino siguiente y por la División de Personal. Ni en el último momento tuve tranquilidad. La sensación de amenaza no desaparecía hiciera lo que hiciese.

Salí de su despacho confundido, llamé al comisario jefe de Estudios del Centro de Altos Estudios Policiales, mi próximo destino, para decirle que en la Comisaría General de Policía Judicial ya habían firmado mi baja y que si tenían un sitio para mí porque aquí ya no lo tenía. Se quedó tan sorprendido como yo. Ellos todavía no tenían constancia escrita, me informó, pero me dijo que no me preocupara, que el lunes me fuera para allá, que ya me encontrarían un hueco.

El resto de la mañana fue extraño. Pasé mucho tiempo esperando, dando paseos por las instalaciones del complejo, a que me entregaran mi baja firmada. No sabía qué hacer, adónde ir, con quién hablar. Era una situación irreal. Todos los policías en aquel enorme recinto que es Canillas van de un sitio a otro con un propósito. Yo deambulaba.

Finalmente, casi al final de la mañana, con el papel firmado en la mano, de pronto parecía haberme librado de un peso enorme. Subí a la quinta planta, donde está la UCIC, me despedí emocionado de mis compañeras con abrazos y lágrimas en los ojos y me marché. No fui capaz ni de pasar por el resto de los despachos para despedirme del resto de compañeros. Estaba como anestesiado, como ausente, quizá, abrumado y confuso. También frustrado y cabreado, impotente al pensar que, por mi desastrosa habilidad para gestionar las relaciones sociales con una persona, toda una carrera profesional se disolvía.

No mucho tiempo después, estando ya destinado en otro lugar, me acerqué a ver a mi exjefa, entré en su despacho y en ese momento sí le confesé que mi relación con una persona concreta fue la principal razón de mi marcha. Me dio las gracias por decírselo. La honestidad debe ir por delante. Si la primera vez que me lo preguntó me escabullí con razones, aunque ciertas, no eran las más relevantes, fue porque cabía la posibilidad de que tratara de convencerme para que recapacitara. De haber sido así, porque eran muchos años de confianza, me habría convencido y todo se habría prolongado más tiempo sin que, en definitiva, nada cambiara.

Hoy, adelantándome al final de este texto, me encuentro en una fase profesional muy atractiva. Dedicado por completo al ámbito académico en la Universidad Internacional de La Rioja (UNIR), imparto formación sobre todas esas cuestiones que me han colmado como analista de conducta criminal a profesionales del ámbito de la Criminología de España y Latinoamérica. Tengo tiempo de sobra para dar conferencias, cursos, semanarios, *webinars*, presenciales y virtuales. Disfruto divulgando lo poco o mucho que aprendí.

Por tanto, como uno nunca sabe qué le deparará el futuro, solo puedo afirmar que no encuentro ni un solo motivo para arrepentirme de mi decisión de abandonar la Comisaría General de Policía Judicial.

Decía que me estaba adelantando. Sí, aún quedan cosas por contar.

CAPÍTULO 13

# CERRANDO UN CÍRCULO IMPERFECTO

Regresé a Carabanchel quince años después. Antes era el Centro de Promoción. Ahora era el Centro de Altos Estudios Policiales. Entré a formar parte del mismo departamento de entonces, el de Ciencias Sociales. Fui un profesor más, otra vez.

Reconozco que no fue fácil. Los primeros meses fueron muy extraños. Era como haber pasado de un lugar donde cada día era distinto, lleno de incertidumbre, pero también de hermosos retos, todo muy policial, participando de lleno en investigaciones complejas, con numerosos viajes al corazón del delito y en los que se deja uno la piel para esclarecerlo, a un lugar donde la rutina y la previsión eran su razón de ser, donde la improvisación era poco menos que inaceptable y donde el tiempo parecía haberse detenido.

El entorno me era muy familiar. Sus pasillos con los azulejos *art decó*, sus jardines entre edificios, la luz que entraba por sus múltiples ventanales, ese aspecto a colegio que fue su origen como Colegio de Huérfanos. Sus despachos, uno de los cuales me fue asignado como profesor junto con otro compañero, no habían cambiado nada. Decía que allí el tiempo parecía no transcurrir y resultó ser verdad.

Es cierto que el profesorado era en su mayor parte nuevo. Conocía a muy pocos de mi anterior época y muchos de estos figuraban entre los directivos del centro. Había instalaciones nuevas, como la galería de tiro. Habían cambiado los marcos de las ventanas, pues los de madera originales estaban muy deteriorados. Muchos más servicios policiales tenían su sede en sus edificios, la afluencia de personal era mucho mayor, pero esto no eran más que cambios mínimos comparados con lo profundo de su funcionamiento, que seguía siendo el mismo de siempre.

Semana tras semana se sucedían las clases de los distintos cursos de formación. De policía a oficial de policía, de oficial a subinspector, de inspector a inspector jefe, de inspector jefe a comisario, eran los que conformaban la razón de ser del Centro de Altos Estudios Policiales.

Pues sí, poco había cambiado. Incluso el material lectivo era en gran parte el mismo de aquel entonces. Las mismas actividades en las mismas fotocopias. Fue como regresar al pasado.

Pensaba yo que centrándome en mi labor de profesor, dando mis clases y preparando mis materiales docentes, encontraría esa tranquilidad que se había convertido en mi objetivo en aquellos momentos. Se complicó a las pocas semanas porque el jefe del departamento cambió de destino y solo quedaba yo como inspector jefe, por lo que me tocó asumir el puesto. No me gustó. De pronto, las labores de gestión fueron la principal tarea en detrimento de las clases. Además, el ambiente en el grupo no era agradable, más bien al contrario, porque había claras desavenencias entre algunos de sus miembros y contaminaban al resto, por mucho que fueran compañeros y profesores de primera categoría.

Solo me sentía a gusto ante el alumnado, fuera de la categoría que fuese. Toda la experiencia acumulada se vertía con facilidad cuando estaba sobre la tarima. Todo lo demás, la gestión, los plazos, las revisiones incesantes, las interminables reuniones estériles salvo para consumir tiempo, me quemaban poco a poco.

—¿Pero qué haces tú aquí? —me preguntaban a menudo los compañeros con los que tenía más confianza, buenos amigos y amigas con los que podía ser sincero.

Una pequeña anécdota. Estaba tomando café con el que era mi jefe de Departamento, también inspector jefe. En un momento dado me dice «tu sección» y de inmediato corrige y dice «su sección». Me quedé de piedra. Me estaba hablando de usted. ¡Pero si era mi jefe!

Yo mismo no dejaba de hacerme esa pregunta, ¿qué hacía yo allí?, pero se acababan mis opciones. Era como si el camino que se abría ante mí se fuera cerrando poco a poco, como una perspectiva cuyas líneas llegaban a tocarse sin posibilidad de abrir un pequeño espacio entre ellas por el que escapar.

Lo que comenzó en SAC como una necesidad de cambio de destino, en el Centro de Altos Estudios Policiales se convirtió pronto en la posibilidad de dejar la Policía. Pensar esto me llenaba de inquietud, de dudas, de incertidumbre, de miedos.

Sentía cómo me había vuelto un autómata que iba cada mañana a trabajar sin ilusión, sin motivación, a realizar unas tareas para las que no veía sentido, congeladas en un tiempo pasado sin visos de querer cambiar, atenazadas en su propia rigidez. Ni siquiera la posibilidad de la creación del Centro Universitario de Formación de la Policía me ilusionaba porque no me quedaba nada clara su estructura ni objetivos, ni mucho menos con qué efectivos iba a desarrollarse su labor.

El fin de una carrera profesional que hasta esos momentos había estado caracterizada por el asombro se dibujaba tenuemente con el lápiz de la desilusión y la tristeza. Sentía que, después de años de ir avanzando, de proponerme y superar retos cada vez más exigentes, me encontraba descendiendo, casi retrocediendo. Y lo peor de todo era que me sentía incapaz de revertir la situación. Estaba perdiendo el control y esa es una sensación devastadora después de varias décadas de logros y satisfacciones.

Como si el destino quisiera darme la razón, el final fue todavía más frustrante.

CAPÍTULO 14

# UNA AMARGA DESPEDIDA

Este es un capítulo doloroso y, al mismo tiempo, especialmente sincero. No quiero ocultar nada, sobre todo en cuanto a mis emociones y pensamientos. Los dos últimos años en el denominado Centro de Altos Estudios Policiales, en lo profesional no fueron muy buenos. Como decía en el capítulo anterior, la rigidez de la institución no ayudaba a los cambios para modernizar los métodos de formación. La renovación de algunos mandos intermedios tampoco ayudó porque sus nuevas ideas aumentaban la carga de trabajo de una manera ineficaz y generaban muchísima presión en la estructura de departamentos y profesores. Las malas relaciones entre algunos compañeros generaban más tensión y el ambiente de trabajo era, en ocasiones, tóxico.

Sentía haber retrocedido y mucho en mi carrera profesional. No paraba de plantearme qué hacía yo allí. No podía aportar nada porque el sistema no era receptivo en absoluto al cambio. Al contrario, todo parecía evolucionar hacia el bloqueo, el automatismo, el estrés sin sentido. En lugar de solucionar problemas, se creaban otros nuevos sin solucionar los viejos. Es muy posible que la culpa fuese mía, de mi carácter. Me cuesta adaptarme a entornos en los que no me siento a gusto.

Sin embargo, había sido mi decisión. Equivocada, pero mía. Aquello, la formación policial, era una fantasma de lo que yo recordaba y la frustración era muy grande. Sin duda, había idealizado esta faceta profesional y la realidad se impuso. Me sentía atrapado en una pegajosa red en la que me había metido yo solito. La idea de marcharme de la institución cobraba cada día mayor cuerpo porque no encontraba abiertas otras posibilidades, por muy difícil que me resultaba pensar en ello. Era como si hubiera quemado mis vías de cambio.

Lancé anzuelos a la Comisaría General de Información, a la Dirección Adjunta Operativa, a compañeros bien situados que podrían mover algunos hilos y que conocían mi compromiso con el trabajo. Imposible. Todo parecía cerrado, como si la SAC hubiera sido el lugar, el único lugar, en el que podía ser yo profesionalmente.

Solo había una puerta que pudiera abrirse sin abandonar la institución, el ascenso a comisario. Y no es que me hiciera especial ilusión.

En esos momentos contemplaba tres opciones:

1.ª Seguir como jefe de Departamento en el CAEP, lo que implicaba sufrir en la deriva en la que el centro languidecía.
2.ª Ascender a comisario, con lo que suponía de cambio de destino y de pertenencia a un «club» que en gran parte se rige por unas normas no escritas con las que no estoy del todo de acuerdo.
3.ª Acogerme a la Segunda Actividad y marcharme a la Universidad para compartir académicamente lo que aprendí en mi profesión de policía hasta que llegara mi jubilación, pero sin placa ni uniforme.

Las tres opciones se redujeron casi de inmediato. Llegados a ese punto emocional en el que la frustración era algo muy difícil de manejar, me planteé un único camino: presentarme al ascenso a comisario con la condición de que, en caso de no resultar apto, acogerme a la Segunda Actividad. La continuidad en el puesto quedó descartada por completo. Ya no soportaba según qué cosas.

¿Cuáles eran mis opciones para el ascenso? Dada mi antigüedad en la categoría de inspector jefe, era obvio que intentaría esa modalidad, la de antigüedad, de tal manera que solo afrontaría un examen de psicotécnicos y una entrevista personal. La opción de oposición implicaba un examen teórico, un supuesto práctico y su lectura, psicotécnicos y una entrevista personal, y con mi expediente profesional en la mochila no tenía sentido eludir la opción de la antigüedad y pegarme una enorme paliza a estudiar un temario inabarcable.

Las plazas convocadas para esta opción eran treinta y dos. Por mi expediente y años de servicio ocupaba el puesto número dieciséis. Es decir, en condiciones normales debía ser declarado apto, pues resultaba inusual que, estando dentro del cupo de una manera tan clara, te dejen fuera.

Aun así, yo estaba convencido de que no me iban a declarar apto. Puede parecer que, a toro pasado, sea fácil predecir el futuro, pero no, creedme, así se lo decía a mis compañeros y con convicción. Yo no daba el perfil de comisario. No lo he dado nunca. Después de tantos años valorando perfiles estoy en condiciones de afirmar que no veía que mi perfil encajara para nada con el de esta categoría. Esto lo tenía claro. Pero seguí adelante porque no tenía mejores opciones.

Cumplí con los psicotécnicos. Saqué buena nota. Eran fáciles. Llegó entonces la entrevista.

Habían establecido dos tribunales. El día que me tocaba realizarla éramos ocho aspirantes por cada uno. Mi tribunal era el número 2.

El tribunal número 1, al poco tiempo de empezar, ya se había ido al descanso del café. Es decir, había entrevistado a cuatro aspirantes mientras que el mío estaba todavía entrevistando al segundo. Se lo tomaban con mucha calma. Imposible no pensar en el agravio comparativo. Me había tocado el tribunal «duro». De eso yo sabía algo después de siete años participando en tribunales de oposición. Además, los que salían de mi tribunal lo hacían descompuestos, enmudecidos, cabreados. Ni se quedaban a comentar. Salían farfullando y, tras una despedida inaudible, se marchaban con los puños apretados. Todo eran malas señales.

El tribunal número 1 había terminado y el mío, yo que era el séptimo, seguía con su ritmo exasperante porque las comparaciones son odiosas.

Me llamaron, por fin. Entré. Mi tribunal estaba compuesto por cinco miembros. El asesor psicólogo estaba a mi izquierda. Le conocía de hacía muchos años, pero él no tenía ninguna capacidad de influencia, ni siquiera intervendría en la entrevista. Acataría lo que le mandaran y firmaría el acta como asesor que era.

Cada miembro se tomó su tiempo. Sentía que las preguntas no evaluaban mi trayectoria profesional, que se supone que en una entrevista por antigüedad debería ser lo importante. La otra intención era ver si mis cualidades encajan con las que debe tener un comisario. Era incómoda la situación. Preguntas y más preguntas, la mayoría teóricas, de estructura. Ni una sola pregunta por lo que había supuesto la Sección de Análisis de Conducta.

Según iban avanzando ya sabía de un modo diáfano que no estaba en su lista. En realidad, no lo estaba antes de comenzar. Aquello era solo cumplir el trámite. Ellos lo sabían; yo lo sabía, pero no por ello la situación era menos desagradable.

Se complicó con el penúltimo miembro, un comisario. Agresivo, grosero, irrespetuoso. De los que confunden la actitud con la eficacia en una entrevista de oposición, marcando su posición de poder desde sus divisas en el hombro y su posición elevada en la tarima. De los que tratan de hacerte sentir pequeño.

En el cuestionario previo tuve que responder por escrito unas cuantas preguntas. En una de ellas, yo indicaba que, tras la pandemia, aumentaría la conflictividad social. El comisario en cuestión me *atacó* con eso, después de otros temas que estaban fuera de lugar, porque me hacía comentarios y preguntas como si yo opositara a comisario principal en lugar de a comisario.

—¿Ha detectado usted esa conflictividad en el HIPEST (el sistema informático de la institución que contabiliza la delincuencia)? —preguntaba con agresividad.

—No, todav…

No podía explicar mi respuesta. Quería haberle dicho que esa conflictividad era social y que poco a poco se trasladaría al ámbito criminológico, pero no me dejó.

¿Lo ha visto? —insistía, para espetarme de pronto y de malas formas—. ¡Esa es una afirmación muy peregrina!

Con qué gusto le habría enviado las estadísticas que nos abrumaron solo seis meses después con el aumento significativo de las agresiones, de las amenazas, de los daños, de las lesiones, etc. La delincuencia había aumentado de un modo significativo desde la pandemia. Yo pensaba que sería algo fácil de vaticinar, pero ese individuo, por mucho puesto de responsabilidad que ocupara, establa claro que no.

Ahora sé, porque no soy capaz de dejar de analizar las cosas a mi alrededor y que me atañen, que estaba suspendido desde mucho antes de entrar, desde que me asignaron el tribunal número 2 porque el número 1, con los mandos de mayor categoría, se había reservado a los que ya figuraban en la lista de los «aptos». Por eso sus entrevistas fueron más rápidas y amistosas. Cumplían el trámite y, más pronto que tarde, regresaban a sus quehaceres.

Mientras, el tribunal 2 tenía como tarea foguear a los candidatos. Que lo intenten de nuevo al año siguiente debía de ser la consigna. Ahora sé, como decía, que en aquel momento no tenía ninguna posibilidad de ascender, pero en aquel instante lo viví de otro modo. Estuviera convencido o no de la opción que tenía delante, debía entregarlo todo.

Salí dolido. Me fui enfadado. Poco alivio sentía al quedar más diáfano mi futuro. La situación me había afectado. La adrenalina y el cortisol recorrían mi cuerpo y me sentía incluso irascible y humillado. En ningún momento se habló de mi carrera pasada, de mis posibles méritos o de mi posible perfil como comisario. Constataba una vez más que las reglas por las que se regía esa categoría estaban muy lejos de encajar con mi forma de ser. La arbitrariedad y la mediocridad me exasperan. Si, además, constato que es inútil luchar contra ellas, la frustración me hunde y deprime.

He conocido y trabajado con mandos que eran una maravilla. Personas muy inteligentes, eficientes, comprensivas, pero firmes. Con ellas era leal por convicción, no tanto por obligación. Algunos llegaron a ocupar puestos de gran relevancia y me sentía orgulloso de haber trabajado a sus órdenes. De otros, sin embargo, no puedo decir lo mismo y muchos de ellos, de un modo directo o indirecto, generaron en mí una imagen con la que jamás me sentí identificado.

No es nada fácil ser miembro de la Escala Superior. Es un puesto de enorme responsabilidad y esta es mayor según se sitúa más alto en la estructura. Eso es innegable y no seré tan necio para hacerlo yo. Dirigir una plantilla es todo un reto. Cientos de profesionales a cargo de una persona, con tantos problemas que gestionar, humanos, materiales, económicos y, sobre todo, con la exigencia diaria de obtener resultados positivos contra la delincuencia. Casi nada.

Por eso me resulta tan doloroso y frustrante no sentirme identificado con esa categoría. ¿Es cosa mía? Seguro. Al fin y al cabo, solo tendría que haber aguantado un año más y ahora estaría dirigiendo una plantilla, asumiendo toda esa responsabilidad, y en el futuro, quién sabe hasta dónde habría podido llegar.

El caso es que, según pasaban los días en tanto llegaban las calificaciones, me sentía más tranquilo, pero no menos dolido. Aun así, todavía empeoró la cosa cuando comunicaron los resultados. No, no solo no me habían declarado apto, sino que habían declarado cinco plazas de antigüedad desiertas y que pasaron a engrosar las de oposición. Era tanto como decir que no encajaba en el perfil de comisario para nada. Podría haber pensado que los treinta y dos candidatos de antigüedad selectiva declarados aptos eran mejores candidatos que yo, faltaría más, pero, al dejar cinco vacantes sin ocupar, ni ese consuelo me dejaban. El veredicto estaba expresado con toda su contundencia.

Un detalle muy relevante de toda esta situación era que el informe que me declaraba no apto, en el apartado en que se debían concretar las razones para esa valoración, estaba en blanco. ¿Acaso no sabían qué escribir en él? Cualquier recurso administrativo contra la decisión habría sido ganado para sonrojo de ese tribunal, pero yo ya tenía muy claro qué camino seguir. Mis hipótesis habían sido confirmadas.

El colmo es que recibí un mensaje por *whatsapp* de mi jefe directo del CAEP, con quien desde hacía años tenía muy buena relación, que trataba de consolarme con sus mejores intenciones. Se lo agradezco porque nos apreciamos. Me decía «te han hecho pagar el peaje de la primera vez», peaje a pagar por el hecho de haberme presentado solo una vez por antigüedad. Los méritos y la capacidad eran irrelevantes.

Hacía años me había presentado por oposición. Ese año, estando en la UCIC, mi jefa se apoyó en el marco de la puerta de mi despacho y me preguntó:

—¿Este año te presentas, no?

Más que pregunta, me sonó a afirmación. Era mi momento de presentarse, parecía decir.

Estudié, realicé el psicotécnico, el teórico y el caso práctico. Cuando fui a leer el caso me encontré en el tribunal, como presidente, al que entonces era el director adjunto operativo, un comisario principal que llegó a ser muy conocido por ser procesado por aquello que se denominó la *policía patrótica*. Entré, esperé a que me mandaran sentarme y justo antes de empezar me preguntó.

—¿Así que es usted doctor?

—Sí, en Psicología —aclaré—.

Él se volvió a sus compañeros de mesa y soltó de un modo indisimulado:

—¡Otro doctorcillo!

Si uno escucha esto, ya sabe que va mal, pero qué se puede hacer. Esta fue mi primera experiencia opositora de la categoría de comisario. Aprobé el supuesto, pero me pusieron un 4,7 en el teórico. Yo habría jurado que merecía mejor nota, pero…

Después del segundo intento, el primero por antigüedad, me planteé cómo se podía pertenecer a una categoría que se regía por ese tipo de normas no escritas. No iba conmigo. Esta es mi experiencia y puedo perfectamente estar muy equivocado. Con ello no quiero desmerecer a tantos como lo logran, algunos de los cuales conozco muy bien y son magníficos profesionales que están haciendo un trabajo maravilloso. Tengo muchos de ellos en mente mientras escribo esto y sé que son magníficos jefes con los que la Institución es cada día más grande y eficiente. Pero eso no resta ni un ápice esta subcultura de las relaciones personales a la hora de la promoción profesional.

Así lo he vivido; así lo siento. ¿Puedo estar equivocado? Seguramente. Decía Gabriel García Márquez que «la vida no es la que uno vivió, sino la que uno recuerda y cómo la recuerda para contarla».

Con el NO APTO en mi expediente fue todo mucho más fácil. En la Universidad Internacional de La Rioja, la UNIR, estaban encantados con la posibilidad de que llegara a formar parte de su claustro de un modo permanente, no ya como colaborador ocasional, sino como miembro de su elenco de profesores.

Faltaban pocas fechas para que se acercara mi 56º cumpleaños. Unido a los años correspondientes de antigüedad, podía acogerme a la figura de la Segunda Actividad, con la que dejaría el servicio activo, entregaría mi placa y mi uniforme, cobrando un porcentaje de mi sueldo hasta el momento de la jubilación y teniendo amplia libertad profesional, ya que desaparecían muchas de las incompatibilidades que regían para el servicio activo.

Acudí al despacho de mi jefe. Había pasado apenas una semana desde que me comunicaron la nota del proceso selectivo. Me recibió muy cordial, como siempre. Nos apreciábamos y llevábamos muy bien, como ya dije. La complicidad de haber coincidido años atrás y de coincidir después, unido a su calidad personal, nos había unido bastante. Él entendía muy bien lo que yo sentía. Mejor que nadie porque su ascenso a comisario le costó sudor y lágrimas.

—He venido a informarte de que me marcho —le anuncié—. Eres el primero en saberlo. Te lo debo.

Noté que pensaba que me refería a marcharme del CAEP, que me iba a otro destino aunque apenas hacia dos años que estaba con ellos.

—Me marcho de la Policía —le aclaré antes de que me preguntara a dónde—. Me cojo la Segunda Actividad.

Se quedó congelado. Pudieron ser dos segundos. Me parecieron muchos más. Estaba valorando mis palabras y lo que eso podría significar para él, como jefe, que, de pronto, veía cómo se iba uno de los suyos, uno de los de siempre, de los leales, con los que podía sincerarse y sentir una camaradería que parecía ir desapareciendo según llegaban nuevas promociones.

—Me alegro por ti —dijo por fin y supe que era verdad—. En eso era transparente.

Traté de explicarle que no era una rabieta, que ya contaba con esa opción en caso de no aprobar. Dada la cercanía de la entrega de las notas, sabía que no me creería. Me daba igual porque los demás iban a pensar lo que quisieran pensar y poco podía hacer al respecto. Quién puede.

Justo acababa de coincidir esa charla con la recepción de una carta de la División de Personal en la que se me avisaba de que en dos meses cumpliría con los requisitos para dejar el servicio activo. Parecía una señal del destino, la alineación definitiva de los astros. A esa carta la llamamos en la Policía la «blanca» y es como una llave hacia la *libertad*, un documento que te permite decir eso de «ahí os quedáis» y contra la que la institución no puede hacer nada porque es un derecho del funcionario policial.

Al día siguiente de recibir la «blanca» escribí mi instancia. No esperé más. ¿Para qué? En ella indicaba el día en que quería dejar el servicio activo y comenzar a disfrutar de esa figura administrativa: el 1 de septiembre de 2022. La registré. Ya estaba oficialmente formalizada mi decisión.

Apenas me quedé unos días más. Tenía pendientes por disfrutar varios días de asuntos propios y mis vacaciones de verano. Lo junté todo y calculé los días precisos para que todo cuadrara con el día de mi baja definitiva.

Compartí con mis compañeros los elementos de uniformidad que creía que podían aprovechar. Recogí mis cosas, que cabían en una bolsa de deportes. Unos me dijeron adiós sin más formalidad; otros, con frialdad; la mayoría con pena; unos pocos, con verdadera emoción de tristeza.

El mucho o poco talento, los muchos o pocos conocimientos, la mucha o poca experiencia, Juan Enrique Soto, en definitiva, la dejaba de aportar a la Policía Nacional y se marchaba a otro tipo de institución que le acogía con orgullo e ilusión.

## CAPÍTULO 15

# PORQUE LA VIDA SIGUE

El mes de septiembre de 2022 coincidía en la Universidad Internacional de La Rioja (UNIR) con la puesta en marcha de un Máster Universitario nuevo, uno en el que había tenido la oportunidad de contribuir a su diseño, un máster oficial en Investigación Criminal. Me ofrecieron ser su coordinador académico. Acepté encantado. Era justo lo que necesitaba, lo que deseaba: casi treinta años de aplicación de la Psicología a la investigación criminal ahora se ponían al servicio del mundo académico. Cuando uno vive su década de los cincuenta años, es momento de compartir lo aprendido con los que vienen detrás empujando fuerte. Con mis cincuenta y seis años era justo ese momento.

Cuando escribo estas líneas queda poco para que la primera promoción del Máster se gradúe. Me siento bien porque considero que la decisión tomada fue buena, muy buena. Estoy sereno, confiado, motivado, orgulloso, satisfecho. Feliz.

Echo de menos muchas cosas, por supuesto. El compañerismo entre policías es algo mágico y más cuanto mayores son las dificultades. Luchar contra la delincuencia es un privilegio, muy duro con frecuencia, pero da muchas alegrías y momentos de satisfacción. Aprender a través de tantas experiencias lo es también. Es un trabajo de gran responsabilidad, pero también está lleno de sensaciones y emociones.

La Policía es una profesión increíble. Es intensa, variada, humana, técnica. Es un modo de vida. Cada vez que desarticulan una banda criminal, que se esclarece un delito, que veo pasar un coche patrulla, siento que echo de menos eso. Hay cierta nostalgia, pero la vida es esto, seguir adelante, asumir las decisiones y mirar atrás lo justo para considerarse afortunado y, así, dar las gracias.

No echo de menos otras muchas cosas. La rigidez de los procedimientos ante cualquier cambio; la pésima gestión del talento; la mediocridad que triunfa y genera estructuras que impiden que la modernidad encuentre sus huecos para avanzar; la hipocresía y las normas no escritas; la desidia y la prepotencia de algunas personas que, además, tienen poder sobre otras. Si escribimos en un buscador informático las palabras «el triunfo de la mediocridad» nos devuelve 1.600.000 resultados en 0,25 segundos. No descarto acabar como Salieri, que abrazó la locura de tanto odiar a Mozart, para terminar exclamando aquello de «mediocres de todo el mundo, yo os absuelvo». El filósofo Alain Deneault lo explica maravillosamente en su ensayo *Mediocracia: cuando los mediocres conquistan el poder*. Lo dejo ya. Miro hacia delante.

¿El balance? Solo puede ser positivo, muy positivo. He tenido el privilegio de desempeñar una profesión magnífica, que me ha permitido evolucionar, crecer en todos los sentidos, personal y profesionalmente. He conocido a personas excepcionales que dan sentido al significado de servidor público. Estas dos palabras, servidor público, están muy arraigadas en mí. Sigo sintiéndome así, aunque no vista un uniforme ni porte la placa dorada. Es un valor humano interiorizado hasta tal punto que ya es imposible ignorarlo.

He obtenido éxitos profesionales de los que me siento muy orgulloso. He contribuido, o al menos lo he intentado, a hacer de este mundo algo mejor, siempre según mis posibilidades. No es esta una frase hecha, un cliché cursi. Lo pienso y lo siento de verdad.

La Sección de Análisis de Conducta ha crecido y tienen más trabajo del que pueden asumir. Sus cimientos son buenos porque la ilusión y el compromiso fueron el cemento que la puso en pie. Nadie es imprescindible. Es un hecho. La SAC crece en personal, aumenta su carga de trabajo, sus miembros cada día son más reconocidos y solicitados; son de los mejores analistas policiales de conducta del mundo. Siento un enorme orgullo por ese grupo de compañeras, casi todas mujeres, fantásticas, enormes, comprometidas, infatigables. Las admiro y aprecio porque son increíbles, magníficas, un ejemplo a seguir.

El Método VERA de elaboración de perfiles psicológicos de agresores desconocidos es un método reconocido a nivel internacional. Policías de varios países de habla hispana lo emplean para investigar casos y ayuda a resolverlos. Cientos de alumnos de Grado en Criminología y de másteres o títulos diversos se forman en él cada año y lo ponen a prueba en trabajos fin de estudios y tesis doctorales en universidades de España y Latinoamérica.

El dueño de aquella clínica en la que trabajaba al poco de licenciarme en Psicología me dijo hace muchos años que en la Policía podía ser psicólogo para toda la vida. He dejado el servicio activo de la Policía Nacional, pero sigo siendo ese psicólogo que se enfrentó a su primer caso en Las Palmas de Gran Canaria y ahora desmenuza casos para instruir en esta apasionante disciplina a un alumnado cuyo entusiasmo inagotable es mi combustible.

He sentido el orgullo de vestir el uniforme azul, de portar una placa dorada. Sigo sintiéndome policía. Creo que no dejaré de sentirlo nunca, aunque ahora no porte placa, solo un triste carné que guardo en la cartera y que ya no enseño a nadie. Son tantos recuerdos, tantas experiencias que el sentimiento es indeleble.

Siento que muchas de las experiencias que he vivido quedan fuera de este libro. Las he olvidado porque son casi media vida y no cabe todo en este mi cerebro. La memoria es así de caprichosa. Y menos mal, porque el olvido es necesario para que miremos al frente y sigamos dando un paso y luego otro y otro más.

Elegí Psicología por vocación. No ha disminuido ni un ápice y me licencié en 1990. Sigo fascinado por el empeño por comprender el comportamiento humano, sobre todo el criminal. Seguiré desentrañando este misterio y seguiré compartiendo aquello que averigüe.

Siento que todavía no he saldado mi deuda con la sociedad. A riesgo de que suene cursi una vez más, creo haber recibido mucho más de lo que he dado. Seguiré trabajando para equilibrar el balance, por mucho que sepa que siempre será negativo.

En lo literario me he encontrado con el tiempo y el sosiego que antes no disfrutaba del todo para dedicarme a escribir y a leer, a ir al teatro y a soñar con saborear la magia de ver y hacer cine. Van surgiendo ideas en las que deseo zambullirme y nadar con el placer que da no tener plazos que cumplir, presiones que soportar o censuras que acatar.

Proyectos con los que antes solo soñaba asoman en el horizonte y me colman de ilusión. Es verdad que nunca se sabe qué hay a la vuelta de la esquina, pero cuando se ha recorrido toda la calle es fácil mirar atrás e imaginarse que todo sucede por algo.

He mencionado a lo largo de estas páginas muchas veces la participación del azar. Es innegable que tiene su papel en lo que sucede. Pero también lo tienen nuestras decisiones. Habrán sido acertadas o no, pero han sido las nuestras y, si hoy escribo exactamente estas palabras, sentado en mi despacho de mi casa, una tarde de invierno con sabor a primavera, es porque todas y cada una de ellas me han traído hasta aquí. Han sido mis caminos sin camino, que diría mi amado Antonio Machado.

Todo lo anterior es lo que me ha sucedido, lo que he realizado o lo que dejé de hacer. Todo lo anterior me convierte en lo que soy exactamente en este instante. Solo hay algo más fuerte que esta sensación incesante de vivir en el asombro y es la gratitud que siento por haber sido y seguir siendo tan afortunado.